W0262055

Gunnar Paul

CIM-Basiswissen
für die
Betriebspraxis

Gunnar Paul

CIM-Basiswissen für die Betriebspraxis

Für Unternehmer und Führungskräfte
kleiner und mittlerer Unternehmen

Die Deutsche Bibliothek – CIP-Einheitsaufnahme

Paul, Gunnar:
CIM-Basiswissen für die Betriebspraxis: für Unternehmer
und Führungskräfte kleiner und mittlerer Unternehmen /
Gunnar Paul. – Braunschweig; Wiesbaden: Vieweg, 1991

Der Verlag Vieweg ist ein Unternehmen der Verlagsgruppe Bertelsmann International.

Umschlaggestaltung: Wolfgang Nieger, Wiesbaden
Druck und buchbinderische Verarbeitung: Lengericher Handelsdruckerei, Lengerich
Gedruckt auf säurefreiem Papier

ISBN-13: 978-3-528-04634-7   e-ISBN-13: 978-3-322-84240-4
DOI: 10.1007/978-3-322-84240-4

Vorwort

Schon wieder ein Buch, in dem mittels allgemeiner Flow-charts einem Standardbetrieb CIM verpaßt werden soll?

Nein, es geht nicht darum, allgemeine, wenn auch richtige Aussagen zu CIM mit allgemeingültigen Ratschlägen zu versehen nach dem Motto: Es paßt zwar für jedes Unternehmen, aber die Vorschläge sind so allgemein, daß man nichts umsetzen kann.

Bei der Entstehung des Buches wurde speziell die Zielgruppe der in der Literatur oft vernachlässigten kleinen und mittleren Unternehmen berücksichtigt. Dies soll nicht bedeuten, daß Leiter großer Betriebe damit nichts anfangen könnten - schließlich liegt es ja heute im Trend, große Betriebsstrukturen aufzulösen, um kleine Einheiten zu bilden. Ein Beispiel sind die entstehenden Fertigungssegmente und CIM-Inseln.

Das vorliegende Buch ist dazu gedacht, *Hilfsmittel* für eine Standortbestimmung sowie *Leitfaden* für die Konzeption und Realisierung von CIM-Lösungen zu sein.

Die ersten beiden Kapitel stellen unterschiedliche Ausgangssituationen wie Unterschiede der Firmenstrukturen sowie der Hard-/Software-Plattformen dar. Das dritte Kapitel beschreibt detailliert CIM-Insellösungen und deren Vernetzungsmöglichkeiten (organisatorisch/technisch). Die beiden letzten Kapitel schließlich befassen sich mit den Möglichkeiten und Methoden, CIM-Projekte durchzuführen und deren Wirtschaftlichkeitspotentiale einzuschätzen.

Der Anhang listet CIM-relevante Normen, internationale Forschungsprojekte sowie CIM-Konzepte der Anbieter auf, um dem Interessierten einen Überblick über den aktuellen Stand von CIM zu geben.

Dem Verlag danke ich für sein Engagement und die reibungslose Zusammenarbeit, den beteiligten Mitarbeitern und Mitarbeiterinnen der BSG für die oft mühevolle und zeitraubende Detailarbeit.

St. Gallen, im März 1991

Gunnar Paul

Inhalt

Einleitung

Mit CIM auf dem Weg zu totaler Automatisierung?

Der CIM-Begriff

Wenn von *Computer Integrated Manufacturing* (CIM) die Rede ist, beginnt die große Begriffsverwirrung. Die "Globaldiskussion" des Themas startete zu Beginn der 80-er Jahre, kurz darauf die Vermarktung.

Zunächst wurde das "C" in den Vordergrund geschoben. Dieses C signalisierte eine "Klassenzugehörigkeit" zu bereits vorher definierten "CA....-Begriffen" wie CAD (Computer Aided Design), CAM (Computer Aided Manufacturing). Heute kennt man über 40 unterschiedliche CA....- und CI....-Begriffe (eine Liste dazu finden Sie im Anhang). Alle CA.....-Techniken waren in der Anfangszeit Insellösungen - sie führten häufig zu starker Trennung von DV-unterstützter und manueller Tätigkeit.

Mit CIM wurde die bis anhin übliche Sichtweise des Computers als Hilfsmittel (Computer Aided ....) erweitert zur Sichtweise des Computers als Integrator. Noch immer stand der (zentrale) Computer im Mittelpunkt. Unter CIM sollten nun vorhandene CA....-Lösungen miteinander kommunizieren. Hier trat zunächst eine große Ernüchterung ein, die Kommunikation funktionierte nicht.

In der CIM-Diskussion rückte das Gewicht nach "rechts", das "I" für Integration kam ins Blickfeld. Die Weiterentwicklung von Insellösungen wurden zugunsten der Weiterentwicklung von Kommunikationslösungen beschnitten. Mittlerweile sind viele Kommunikationsprobleme gelöst - sei es durch Standardisierungsbemühungen von Gremien oder mittels der Durchsetzung von Herstellerlösungen auf dem Markt, die zu de facto-Standards wurden.

Im Zuge dieser Integrationseuphorie schwappte die CIM-Welle auch in ehemals rein kaufmännische Ressorts hinein - man tat sich schwer, die Aufgaben von CIM zu begrenzen.

Noch heute gibt es keine absolut "dichten" *CIM-Grenzen*, beispielsweise sind Einkaufs- und Verkaufssysteme in vielen Fällen systemtechnisch in PPS-Lösungen integriert. An diesem Beispiel sieht man, daß die Integration soweit gediehen ist, daß systemtechnische und funktionale Grenzen bei CIM-System nicht mehr identisch sind.

Heute wendet man sich dem letzten Buchstaben M (manufacturing) zu. Man besinnt sich wieder auf das ursprüngliche Ziel: Die Produktherstellung. Die Kosten rücken ins Blickfeld und manche CIM-Seifenblase zerplatzt.

Die "CIM-liche" Ernüchterung ist heilsam - inzwischen weiß jederman, CIM gibt es nicht von der Stange, es muß in jeder Firma selbst hart erarbeitet werden. Dennoch gibt es gerade für kleine und mittlere Produktionsbetriebe eine Vielzahl einzelner Lösungen, die CIM-tauglich mit geringem Anpaßungsaufwand in der Praxis installierbar sind. Jeder Anwender braucht zwar im Detail seine spezifische CIM-Lösung, er sollte dazu aber als Basis der Realisierung Standard-Lösungen heranziehen.

Um die besten Lösungen auszuwählen, gibt es eine Vielzahl von Marktuntersuchungen und Erfahrungen von Beratungsfirmen. Diese *Berater müssen objektiv arbeiten* können, sie dürfen deshalb in der Evaluationsphase nicht die Berater eines Systemanbieters sein.

Technologischer Wettbewerb

In der Produktionstechnik der hochindustrialisierten Länder dominierte jahrzehntelang die *Rationalisierung und Automatisierung* in der Serienproduktion. Der Automatisierungsgrad war dabei praktisch direkt stückzahlenabhängig. Die hochautomatisierten Systeme erzeugten hohen Umrüstaufwand bei Produktwechseln.

Mikroelektronische Elemente, Steuerungen etc. begünstigen schnelles Rüsten - man kann auch kleinere Mengen automatisiert fertigen. Dieser Zwang zu kleinen Mengen ergibt sich aufgrund der Marktentwicklung - zunehmend variantenreiche Produkte sind erforderlich, um die steigenden Kundenansprüche zu befriedigen. Die Umrüstzeit ist heute in vielen Fällen der Engpaß - nicht die eigentliche Stückleistung der Maschine. Primäre Entwicklungsziele der heutigen Produktionssysteme sind:

- Einfache Bedienung
- Schnelles Umrüsten
- Komplettbearbeitung
- Hohe Bearbeitungsgenauigkeit
- Qualitätssteigerung durch CAQ-Integration

Leistungssteigerungen des eigentlichen Bearbeitungsprozesses treten zunehmend in den Hintergrund. Die Optimierung der beschriebenen "Randfaktoren" erbringt heute in vielen Fällen größere Leistungssteigerungen. Diese Leistungssteigerungen schlagen sich auch in kürzeren Durchlaufzeiten nieder. Rüst- und Aufspannvorgänge sowie Transport- und Liegezeiten werden verkürzt, womit die unproduktiven Zeitanteile an der Durchlaufzeit drastisch reduziert werden können.

Arbeitsmarkt

CIM bedroht Arbeitsplätze! CIM sichert Arbeitsplätze! Beide Thesen haben ihre Verfechter. Tatsächlich gibt es Beispiele, daß bestimmte Arbeitsplätze durch CIM-Installationen wegfallen. Meist handelt es sich um einfachere Tätigkeiten. Andererseits können die gleichen Firmen anspruchsvollere Positionen nicht im gewünschten Umfang mit geeignetem Personal besetzen (CNC- Programmierer, CAD-Konstrukteure, PPS-Spezialisten etc.).

Es ist eine Tatsache, daß innovative und investive Betriebe einen Produktivitätsvorsprung erarbeiten, der hilft, stark steigende Personalkosten auszugleichen. Dennoch wird der CIM- Einsatz zur Zeit nicht durch gewerkschaftliche Gegenmaßnahmen bei CIM-Investitionen behindert, sondern eher durch ungenügende Qualifikation des eingesetzten Bedienpersonals. Es ist den meisten Gewerkschaften hoch anzurechnen, daß sie sich des Themas CIM angenommen haben, bei CIM-Investitionen kompetente Gesprächspartner sind und der Weiterbildung der Arbeitnehmer große Aufmerksamkeit schenken.

Insgesamt betrachtet, sichern CIM-Investitionen die Arbeitsplätze der Unternehmung in der Zukunft besser ab. In den meisten Fällen der CIM-Einführung hat das weitere wirtschaftliche Wachstum der Firmen die Neueinstellung weiterer Personals nach sich gezogen. Unter dem Strich haben sich bei den leistungsorientierten Rahmenbedingungen der Marktwirtschaft *CIM-Investitionen grundsätzlich arbeitsplatzsichernd* ausgewirkt.

Aus- und Weiterbildung

CIM erzeugt einen *Strukturwandel* in der Wirtschaft und auf dem Arbeitsmarkt. Dies zieht intensivierte Aus- und Weiterbildungsmaßnahmen nach sich. Da die Innovationen sehr schnell erfolgen, genügt es nicht, konventionelle Erstausbildungen (Schulausbildung, Lehre, Studium) dem geänderten Bedarf rasch anzupassen. Ganz zu schweigen davon, daß es nicht möglich ist, den Bedarf allein durch Fluktuation und den Generationenwechsel der Beschäftigten zu decken. Deshalb wird der Weiterbildung künftig eine noch wichtigere Rolle zukommen. Heute existierende Curriculae beinhalten primär funktionale Lernziele und Fertigkeiten. Künftig muß ein größeres Gewicht auf die Vermittlung extrafunktionaler Qualifikationen und das Vermitteln von Fähigkeiten gelegt werden. Die Lernbereitschaft und -fähigkeit muß sich erhöhen. *Das Systemdenken oder vernetzte Denken* gilt es ebenfalls zu fördern.

Absatzmarkt (EG'92)

Der künftige Absatzmarkt wird primär durch die Entwicklungen in der europäischen Gemeinschaft ab Ende 1992 beeinflußt werden. Besonders kleine und mittlere Betriebe werden *steigenden Konkurrenzdruck* spüren. Der größere Markt wird tendenziell der industriellen Arbeitsteilung Vorschub leisten, d.h. es gibt einen größeren Zuliefermarkt. *Make- or buy*-Entscheidungen werden zunehmend das Management beschäftigen. Je mehr die Abnehmer zukaufen, desto wichtiger ist für sie aber die Zuverläßigkeit der Lieferungen. Zuverläßigkeit wird gefordert bezogen, auf die Qualität der Produkte ebenso, wie auf die Einhaltung zugesagter Liefertermine. *Just in Time* (JIT) ist das Schlagwort. Notwendig dazu wird die Kooperation bei der Produktherstellung. Dabei müßten Gebilde entstehen, die ähnlich wie "Generalunternehmer" handeln können. Das erfordert rasches Entscheiden und Reagieren. *Von der traditionellen Geschäftstätigkeit kann man Abschied nehmen.*

Produkthaftung

Die Produkthaftung wird auf der ganzen Welt, besonders aber in den USA, verschärft. Am 1. Januar 1990 wurde das neue Produkthaftungsgesetz EG-weit eingeführt (seit 1976 in Arbeit). Zum Schutz des Verbrauchers haftet ein Hersteller auch dann, wenn kein direkter Kaufvertrag zwischen ihm und dem Verbraucher abgeschlossen war. Dieser Fall liegt bei der Vielzahl der Geschäfte vor, die über den Zwischenhandel oder einen Importeur gehen. Von der *Produkthaftung* zu unterscheiden ist die *vertragliche Haftung*, die zwischen Verkäufer und Käufer direkt vereinbart werden kann. Die Produkthaftung ist eine sogenannte *Deliktische Haftung* (Verschuldenshaftung) nach § 823 BGB, die vertragliche Haftung ist im § 459 BGB ("Rechte und Pflichten der Vertragsparteien") verankert.

Das neue EG-Recht regelt den Herstellerbegriff neu. Hersteller ist derjenige, der das Produkt herstellt *oder* sich als Hersteller ausgibt, indem er seinen Namen, Warenzeichen oder Erkennungszeichen auf dem Produkt anbringt. Auch Importeure oder Händler können zur Haftung herangezogen werden, wenn sie den Hersteller des Produktes nicht benennen oder dieser auf Anfragen nicht reagiert.

Auslöser der Produkthaftung sind alle beweglichen Produkte, selbst wenn sie nur Teil eines anderen beweglichen Produktes sind oder in eine unbewegliche Sache eingebaut werden.

Um diese wachsenden Haftungsverpflichtungen erfüllen zu können, wird die EG verbindliche Normen verabschieden. Bisher liegen ca. 1'000 in ganz Westeuropa geltende Normen vor. Bis 1992 werden weitere *5'000 europäische Normen* erwartet. In der Endstufe wird damit gerechnet, daß ca. 10'000 europaweit geltende Normen vorhanden sind. Die Berücksichtigung dieser Normen wird einen weiteren Aufwand für die Betriebe ausmachen. Auf jeden Fall wird eine neue Arbeitsteilung und Spezialisierung in der Industrie, die *Einhaltung von Normen* und die Auslieferung *100 %-iger Qualität* die Herstellbetriebe im CIM-Zeitalter beherrschen.

1 Ermittlung von CIM-Potentialen

1.1 CIM in mittelständischen und kleinen Firmen

Die Stärke der mittelgroßen und kleinen Betriebe, wie sie vor allem in der Bundesrepublik, der Schweiz und Österreich vorhanden sind, liegt seit jeher in der *Befriedigung sehr kundenspezifischer Produktwünsche.* Der Vorteil liegt im Produkt an sich, dessen Leistungen sich von der Konkurrenz absetzen. Heute ist es schwieriger, weitere Verbesserungen in ein Produkt hineinzuentwickeln, vor allem unter Kostengesichtspunkten. Die Europäisierung, wenn nicht gar Globalisierung der Märkte, schafft Anreize für Konkurrenten, in das gleiche Marktsegment einzudringen.

Kleine und mittlere Betriebe haben es schwer, auf Dauer die "Unvergleichlichkeit" ihrer Produkte zu sichern. *Wenn Patentschutzrechte auslaufen, oder der europäische Binnenmarkt geschaffen wird, bricht der Schutzwall gegen die Konkurrenz nieder.* In diesen Phasen genügt es nicht, durch Weiterentwicklungsbemühungen Vorsprung vor der Konkurrenz neu zu gewinnen.

Häufig macht man die Beobachtung, daß Unternehmen in dieser Phase ihre Entwicklungsanstrengungen über das "Ziel hinausschießen" lassen. Man entwickelt technisch sehr anspruchsvolle, innovative Lösungen, die zu höheren Produktionskosten führen. In der Begeisterung für technische Details wird jedoch die Wirtschaftlichkeit vernachlässigt.

"Konkurrenzlose Produkte" verkaufen sich fast von selbst. Wenn dieser Wettbewerbsfaktor nicht mehr greift, muß der Produktionstechnik und der rationellen Herstellung mehr Beachtung geschenkt werden. Hierbei geht es nicht um den Einsatz des neuesten Maschinenparks, sondern um die *Integration der Produktionsmittel in ein unternehmensweites Informationssystem.* Die eingesetzte Produktionstechnik ist wohl firmenspezifisch, doch baut sie häufig auf Standards auf. Die betriebsspezifische Anpassung von Standardanlagen und Maschinen ist, ebenfalls bei informationstechnischen Modulen, wie sie für die CIM-Integration benötigt werden, möglich.

Für die Rationalisierung in der Fertigung gibt es vielfache Erfahrungen in den Produktionsbetrieben. Die Konzeption und Evaluation geeigneter neuer Anlagen und Maschinen stellt in diesem Zusammenhang ein vergleichsweise geringes Problem dar. Schwierig wird es bei der Informationstechnik, hier existieren wenig Erfahrungswerte. Gerät die Firma hierbei in die "Fänge eines Verkäufers des EDV-Anbieters XY", erhält der Betrieb CIM-Komplettlösungen quasi ab Stange, die in der Regel nur zu geringen Teilen überhaupt einsetzbar sind. Es wird viel *Ballast* mitgekauft. Die *Gesamtsicht der Firma* und der Abläufe ist bei der Auswahl von CIM-Systemen unabdingbar.

Gesamtwirtschaftlich gesehen liefert ja gerade der Mittelstand besonders differenzierte Wirtschaftsleistungen. Deshalb benötigt er auch spezielle differenzierte CIM-Lösungen. CIM-Lösungen müssen als *"Maßanzug"* gestaltet werden. So wie ein Maßanzug aus marktgängigen Teilen, wie verschiedenen Stoffen, Nähgarn, Knöpfen, Reißverschlüssen etc. bestehen kann, ist es heute üblich, CIM-Konfigurationen unter Verwendung einzelner *Standardmodule* aufzubauen.

Welche Betriebe sind CIM-geeignet? Große Betriebe haben es häufig bei der Einführung von CIM leichter. Abgesehen davon, daß sie auf interne Spezialisten zurückgreifen können, vermögen sie viel exakter zu formulieren, was produziert wird und was nicht. In der Regel schafft man Fertigungssegmente, die unbelastet vom sonstigen Betriebsgeschehen unter CIM-Gesichtspunkten gestaltet werden können. Was nicht ins "Schema" paßt, wird einfach extern vergeben.

Diese monokulturellen Gebilde sind im kleinen und mittleren Betrieb nicht möglich. In einem bereits kleinen Betrieb eine noch kleinere CIM-Insel zu schaffen, ist zu teuer. Der kleine Betrieb muß in der Regel *vollständig CIM-integriert* gestaltet werden.

Welche *CIM-Schwerpunkte* bilden besondere *Erfolgsfaktoren* für kleine und mittlere Betriebe?

Betrieb/Branche	**CIM-Schwerpunkt**
Massen-/Großserienfertigung	PPS, CAQ
Klein-/Mittelserienfertigung	CAD/CAM, PPS
Anlagenbau	CAD, PPS, Projektmanagementsystem
Werkzeugbau	CAD/CAM
Engineering/Konstruktionsbüros	CAD
Zulieferbetrieb	CAM, PPS, CAQ

Bild 1.1 CIM-Schwerpunkte verschiedener Branchen

Am Beispiel einer Erhebung in 1096 unterschiedlichen Investitionsgüterbetrieben in Deutschland kann man den Grad des EDV-Einsatzes und die Verwendung von CIM-

Einzelmodulen ablesen. Die CIM-Integration der Module untereinander ist noch weit geringer als hier angegeben (Bild 1.2).

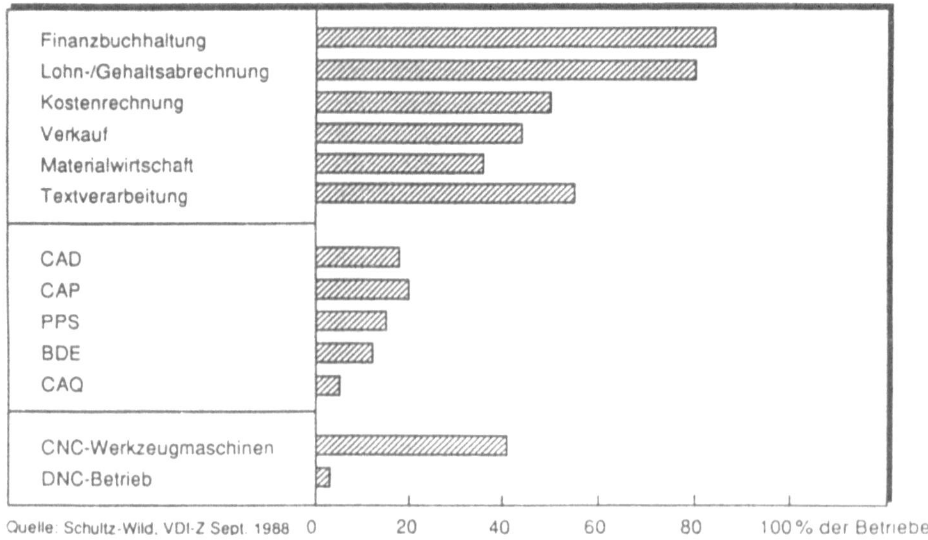

Bild 1.2:   Einsatzgrad rechnergestützter Techniken in der Investitionsgüterindustrie

1.2 Klassifizierung von Fertigungsunternehmen

Jedes Unternehmen ist ein "Individuum". Ganz besonders gilt dies für Fertigungsbetriebe, man kann sie nur schwer miteinander vergleichen. Dennoch gibt es Merkmale, die eine gewisse Vergleichsbasis schaffen. *Hauptmerkmale* sind die:

- Unternehmensgröße,
- Erzeugnisstruktur,
- Fertigungsart,
- Fertigungsablaufstruktur.

Bei der Analyse eines Betriebs dient dieses Raster als erstes ganz grobes Instrument, um prinzipielle Lösungsschwerpunkte und Vorgehensmöglichkeiten schneller zu finden. Viele Betriebe stellen nicht nur ein Erzeugnis, sondern sehr unterschiedliche Erzeugnisse auf unterschiedliche Weise her. In diesem Fall muß man den Betrieb je nach Erzeugnisgruppe mehrfach zuordnen. Für die anderen Merkmale verfährt man sinngemäß.

Unternehmensgröße

Ein einfacher Vergleichsparameter ist die Unternehmensgröße, gemessen an der *Anzahl der Beschäftigten.* Für eine Grenzziehung zwischen kleinen und mittleren Betrieben sowie mittleren und großen Betrieben existieren keine exakten Festlegungen - die Grenzen sind fliessend. Meist wird die Grenze zwischen kleinen und mittleren Betrieben bei ca. 50 Beschäftigten gezogen. Die Grenze zwischen Mittel- und Großbetrieb liegt bei ca. 1000 Mitarbeitern (in der Schweiz eher bei ca. 500 Mitarbeitern).

Erzeugnisstruktur

Die Fertigungsstruktur wird von der Erzeugnisstruktur mitbestimmt. Der *Grad der Komplexität* der gefertigten Erzeugnisse läßt sich durch die Anzahl der zur Fertigstellung notwendigen Einzelteile und die Höhe des Montageaufwandes bestimmen. Es kommt häufig vor, daß nicht die gesamte benötigte Fertigungstiefe für ein bestimmtes Erzeugnis im eigenen Betrieb abgewickelt wird. Häufig sind dafür *Kapazitäts-, Technologie- und Wirschaftlichkeitsgründe* ausschlaggebend.

Fertigungsart

Die Fertigungsart definiert, wie groß die *Wiederholhäufigkeit* der Fertigung ist. Die Seriengröße, Losgröße sowie die Umstellungs- bzw. Umrüsthäufigkeit kennzeichnen jeden Fertigungsbetrieb in typischer Weise. Man unterscheidet zwischen Einzel-, Serien-, und Massenfertigung.

Unter einem Unternehmen der *Einzelfertigung* wird ein Betrieb verstanden, der jedes Produkt in einer Einheit herstellt (Losgröße 1). Eventuell wird das gleiche Produkt zu einem späteren Zeitpunkt nochmals gefertigt. Da der gesamte Produktionsapparat auf den neuen Herstellprozeß wieder eingestellt werden muß, wird damit das Prinzip der Einzelfertigung nicht verletzt.

Im Bereich der *Serienfertigung* unterscheidet man in der Regel zwischen Klein-, Mittel- und Großserien. Die Grenzen sind nicht einheitlich definiert. In der Regel versteht man unter Kleinserien eine Fertigung von ca. bis zu 20 Einheiten. Der Begriff Mittelserie kommt in der Regel bei Produktionsvolumina bis 100 Einheiten zum Einsatz. Darüber spricht man von Großserien. Die Großserienfertigung wird manchmal auch als Massenfertigung bezeichnet. Man benutzt diesen Begriff meist dann, wenn die Produktionsanlagen nie oder sehr selten auf ein neues Produkt umgestellt werden müssen.

Auftragsauslösung, Disposition, Beschaffung

Der Produktionstyp kennzeichnet, ob ein Unternehmen kundenauftragsorientiert oder lagerorientiert (d.h. kundenanonym) fertigt. Die Durchführung der auftragsorientierten Fertigung wird durch den Auftrag eines bestimmten Kunden veranlaßt, während die Auslösung des Auftrages einer lagerorientierten Fertigung durch Marktbeobachtungen sowie durch die Lagerbestandsentwicklung erfolgt. In der Praxis gibt es sehr häufig Mischformen.

Das Hauptproblem in diesem Bereich liegt darin, daß der Kunde nur Lieferfristen akzeptiert, die kürzer als die notwendige Durchlaufzeit beim Hersteller sind. Um nicht alle herstellbaren Varianten ständig auf Lager vorrätig halten zu müssen, ist man also gezwungen, *Absatzprognosen* anzustellen, um das momentane Fertigungsprogramm in etwa auf die künftige Kundennachfrage einzustellen.

1.3   Vorhandene Insellösungen

Die meisten Betriebe besitzen *EDV-Erfahrungen in den Bereichen Buchhaltung und Rechnungswesen*. Aus diesen Anwendungen heraus erwachsen oft Lösungen in Richtung PPS, Materialwirtschaft etc. Häufig dienen diese Programma lediglich dem Zweck, das bereits vorhandene betriebswirtschaftliche EDV-System mit Daten zu versorgen. Obwohl diese betriebswirtschaftlichen Applikationen in vielen Firmen vorhanden sind, kann daraus nicht unmittelbar auf ein gutes und umfassendes Controlling geschlossen werden. Eine automatisierte und übersichtliche Gewinnung von Kennzahlen und deren graphische Aufbereitung fehlt oft völlig!

Vorhanden sind dagegen häufig *Grobplanungs- und Vertriebsplanungssysteme*, die etwa in Jahreshorizonten über die Verkaufs- und Umsatzentwicklung und die dafür benötigten internen Ressourcen Auskunft geben. Bei diesen Systemen bestehen oft Mängel im Integrationsgrad zu anderen Softwaremodulen und im sorgfältigen Erstellen der Planung. Häufig kann die Planung nicht direkt für die Weiterverarbeitung im PPS-System verwendet werden!

Flankierend zu bereits vorhandenen Buchhaltungs-Lösungen wird oft versucht, ein umfassendes *PPS-System* aufzubauen. In diesen Fällen treten immer große Probleme auf. Die technische Leitung ist in der Regel nur unzureichend integriert und informiert. Ablauforganisatorische Gesichtspunkte werden ungenügend beachtet. Das PPS-System wird dann zu wenig als operatives Instrument von der Betriebsführung eingesetzt. Nicht selten tritt der Effekt der Entfremdung planender Mitarbeiter und des Produktionsmanagements vom eingesetzten System ein. Schlechte Strukturen des eingesetzten Systems sowie mangelnde Kompetenz durch Schulungsdefizite sind hierfür die typischen Gründe. Nicht immer wird dies erkannt, und deshalb wird häufig das Heil in einer grundsätzlichen Diskussion über PPS oder neue "PPS-Philosophien" gesucht.

1.4   CIM-Schwerpunkte

1.4.1   Anlagenbauer

Anlagenbaubetriebe im Mittelstand sind unterschiedlich konfiguriert. Nicht jeder Betrieb betreibt überhaupt eine eigene Fertigung. Wenn vorhanden, ist die *Fertigungstiefe häufig nicht sehr ausgeprägt*. Manchmal wird auch nur montiert. Aufgrund der meist formulierten Maxime: "Fertigen kann jeder!", wird der hohe Koordinationsbedarf bei der externen Herstellung der Anlagen unterschätzt. Typische CIM-Investitionen in diesen Betrieben sind CAD-Anlagen, Kalkulationsprogramme und Textprogramme für die Offerterstellung.

Anlagenbauer verstehen sich meist als Einzelfertiger von kompletten Anlagen oder von Subsystemen. Vernachlässigt wird durch die Bank die *Wiederverwendung der Teile*. Gerade CAD- Anlagen arbeiten aber erst wirtschaftlich, wenn auf bereits Erstelltes zurückgegriffen werden kann. Die Verwendung von *Sachmerkmalleisten* und *Standardkatalogen* ist hier vordringlich.

Im Anlagenbau selbst muß die Wiederverwendung bereits auf recht hoher Ebene einsetzen. Die Wiederverwendung von möglichst kompletten Anlagefunktionsmodulen ist hier anzustreben. Natürlich wird eine Anlage nie zweimal in gleicher Art geliefert, doch sind wiederkehrende Anlagenteile die Regel und deren Wiederverwendung muß noch wesentlich stärker forciert werden.

Für die Planung über alle Stufen gebräuchlich sind Projektplanungssysteme. Damit werden auch die zeitaufwendigen Projektierungsarbeiten vor der eigentlichen Fertigung erfaßt.

1.4.2 Auftragsfertiger

Auftragsfertiger stellen *kundenspezifische Produkte* her. Aufträge werden in der Regel nicht auf Lager disponiert, sondern nach Kundenauftrag eingeplant. Meist handelt es sich um Varianten von Standardprodukten. Nur wenige Kunden bekommen die Standards. Standards und Varianten werden meist in (Klein-) Serie produziert. Ein Unterschied besteht darin, ob teilweise ab Lager geliefert wird, oder nur nach Auftrag.

Die Entwicklung von Produktvarianten geschieht vorteilhaft mit PC-CAD-Lösungen. Eine klare Trennung von Stamm- und Variantenstückliste ist hier zweckmäßig und muß auf jeden Fall organisiert werden.

Für den Durchlauf des Auftrages vom Verkauf bis zur Auslieferung ist ein durchgängiges PPS-System erforderlich. Aufgrund tendenziell geringerer Bestände ist ein umfangreiches Lagermodul unter Umständen nicht erforderlich. Je nach Fertigungsart müssen aber andererseits Unterscheidungen zwischen den auftragsdisponierten Teilen und den verbrauchsdisponierten Teilen jeder Fertigungsstufe gemacht werden.

Eine spezielle Sparte von Auftragsfertigern bilden die *Werkzeugbauer.* Ein Werkzeugbaubetrieb ist in der Regel hochspezialisiert, meist von kleiner Dimension und sehr stark fertigungsprozeßorientiert. CIM-Kristallisationspunkte solcher Auftragsfertiger sind in der Regel CAM- Systeme und NC-Maschinen. Die NC-Programmerstellung wird heute sehr komfortabel mittels CAD- oder speziellem NC- Programmsystem unterstützt. Kunden dieser Firmen liefern heute ihre Daten via CAD an ihren Lieferanten, die Erzeugung weiterer notwendiger technischer Angaben ist dann Sache des Auftragnehmers. Hier bietet sich die direkte Weiterverarbeitung mittels CAD an.

1.4.3 Serien- und Massenfertiger

Serienfertiger stellen ihre Produkte in der Regel nach festen Standards her und *liefern ab Lager.* Je nach Planungsgüte kann dieses Ausgangslager mehr oder weniger groß dimensioniert werden. Die Dimensionierung des Ausgangslagers stellt eine unternehmerische Entscheidung dar.

Tendenziell ist heute festzustellen, daß man versucht, Ausgangsläger im Bestand zu senken, um Innovationen schneller zum Kunden weiterfliessen zu lassen und um die Kosten der Bestände zu minimieren. Serienfertiger unterliegen in der Regel einem starken auf der Kostenseite ausgetragenen Wettbewerb. Aufgrund der häufigen Wiederholung muß die Planung hier sehr detailliert folgen. Dazu werden zum Teil recht umfangreiche PPS-Systeme, die auf dem Fortschrittszahlenkonzept (siehe Kap. 3.1.2) basieren, eingesetzt.

Die Verwendung von CAD- oder CAM-Systemen erfolgt bevorzugt im Bereich Entwicklung, Versuch etc. Eine direkte CAD/CAM-Kopplung ist dagegen selten anzutreffen!

1.4.4 Zulieferer

Zulieferbetriebe speziell in der Automobilindustrie sind heute enormem Auftragsdruck ausgesetzt. *Just In Time- Verträge* mit der implizierten *Null-Fehler-Qualität* zwingen zu besonderen Anstrengungen.

Man muß leider feststellen, daß richtiges JIT bislang nur aus Sicht des Abnehmers umfassend verwirklicht wurde. Bei externer, termingenauer Zulieferung an das "Band" wurden eigentlich nur Pufferläger umverteilt. Nicht mehr der Fertigungs- und Montagebetrieb unterhält die Läger und selektiert die guten Teile, sondern der Zulieferbetrieb bekommt präzise, zeitliche und qualitative Vorgaben für die Produktezulieferung.

Der Zulieferbetrieb ist darin frei festzulegen, mit welchen Mitteln er die JIT-Aufträge realisiert. Typischerweise werden deshalb Pufferläger vor den Toren des Auftraggebers errichtet, teilweise bei Dienstleistungsbetrieben wie Transportunternehmen. Manchmal übernehmen diese Transportunternehmen wichtige logistische Funktionen im JIT-Prozeß.

Man muß hier noch darauf hinweisen, daß viele Kunden eine JIT-Zulieferung bei allzulangen Transportstrecken nicht akzeptieren, da die Zuverlässigkeit des Transports über lange Strecken nicht genügt. JIT funktioniert deshalb in der eigenen Fertigung und in der Nähe der Zulieferer am besten (Beispiel: Japan). Voraussetzung ist ein *intensiver Austausch planerischer Daten.*

CIM-Schwerpunkt eines modernen Zulieferbetriebes ist ein sehr mächtiges, logistisch orientiertes PPS-System, welches häufig bis hin zu Echtzeitanwendungen (Betriebsdatenerfassung, Leitstand etc.) ausgebaut ist.

Just in time-Lieferverträge werden in aller Regel als Rahmenverträge abgefaßt. Den Vertriebsunterstützungs- und Offertkalkulationssystemen kommt demzufolge auch eine vergleichsweise geringere Bedeutung zu. Anderseits muß jedoch selbstverständlich die Nachkalkulation so detailliert als möglich durchgeführt werden. Wenn auch die Abnahmebedingungen konstant sind, so ist es doch häufig so, daß sich die Kosten für die Leistungserstellung ändern. Negative Trends müssen sofort erkannt werden.

In steigendem Umfang liefern Zulieferbetriebe nicht nur Produkte sondern auch *Know-how* zu. Das heißt, wesentliche Entwicklungstätigkeit wird ganzheitlich in Zulieferbetrieben abgewickelt. Aus diesem Grund wird ein zunehmender CAD-Einsatz erforderlich. Die enge Zusammenarbeit mit dem Kunden erstreckt sich auf das Gebiet der Entwicklung. Die eingesetzten CAD-Systeme müssen in aller Regel mit den Systemen der Hauptkunden kompatibel sein. Neutrale, genormte Grafikschnittstellen sind häufig nicht ausreichend.

1.5   Kunden- und Lieferantenbeziehungen

Firmen können in unterschiedlicher Form Kunden- Lieferantenbeziehungen untereinander aufbauen. Die gilt auch betriebsintern zwischen den Abteilungen. Beispielsweise praktiziert ein großer Automobilzulieferbetrieb betriebsintern *"Holsysteme"* oder *"JIT-Prinzipien"* mit gleichen Spielregeln wie es im Außenkontakt von ihm gefordert wird.

Firmeninterne *"Verträge"* zwischen liefernder und abnehmender Abteilung werden abgeschlossen. Diese Verträge schaffen eindeutige Voraussetzungen zur internen Abgrenzung der Kosten im Rahmen der KST-Rechnung. Die Verantwortung für Zwischenlagerbestände wird eindeutig zugewiesen. Den Abteilungsleitern der Fertigung bleibt es dabei selbst überlassen festzulegen, ob der Abnehmer oder der Lieferant die Verantwortung und damit die Kosten für das Lager trägt.

Ziel ist es, die Bestandsverantwortung eindeutig festzulegen sowie die Kommunikation intern soweit zu verbessern, daß die Bestände an Halbfertigwaren verringert werden. Diese Maßnahmen lassen sich nicht beliebig ausweiten, da zentrale Planungsvorgaben (Vertriebsplanung, Arbeitsplan, Qualitätsanforderungen) bestehen bleiben. Dies ist auch der wesentliche Unterschied zu "echten Außenkontakten", bei welchen der Kunde alle Vorgaben direkt beeinflußt.

In der folgenden Aufstellung werden Leistungs- oder Lieferbeispiele aufgeführt und die nötigen Austauschdaten benannt. Standardauftragsdaten umfassen:

- Adresse Auftraggeber,
- Bestelldatum,
- Liefertermin,
- Lieferort,
- Menge.

Je nach Tätigkeit des Betriebes werden weitere Daten benötigt. Auf die mögliche Vielfalt dieser in der Regel technischen Daten soll hier nicht weiter eingegangen werden.

Beispiele unterschiedlicher Kunden-Lieferanten-Beziehungen:

1. Verfahren

Der Lieferant ist Verfahrensspezialist (z.B. Härterei, Verzinkerei etc.). Er veredelt Produkte des Auftraggebers in einer bestimmten Produktionsstufe. In der Regel bekommt er Material vom Auftraggeber angeliefert und liefert es nach erfolgter Arbeit zurück. Zu den Standardauftragsdaten treten technische Spezifikationen inkl. Abnahme- und Qualitätsdaten hinzu.

2. Einzelteile

Der Lieferant fertigt komplette Einzelteile (z.B. Normteile oder kundenspezifische Teile). Er ist Spezialist zur kompletten, rationellen Herstellung dieser spezifischen Teile. Bei Normteilen genügt die Angabe der Bestellnummer (aus Katalog) oder der Normteilbezeichnung. Kundenspezifische Einzelteile benötigen eine exaktere Spezifikation (z.B. Zeichnung).

3. Produkte

Der Lieferant liefert komplette Produkte, die Teilfunktionen wahrnehmen (z.B.Endschalter, Steuerungen etc.). Hier ist der Anbieter Spezialist für die kostengünstige Fertigung der Produkte und für die technische Auslegung der jeweiligen Teilfunktion. Den Bestellcode kann man aus Variantenkatalogen entnehmen. In Sonderfällen müssen auftragsspezifische Sonderversionen erzeugt werden.

4. Maschinen

Der Lieferant liefert Produkte hoher Komplexität teils standardisiert, teils kundenspezifisch (z.B. Fahrzeuge, Werkzeugmaschinen). Die Produktentwicklung nimmt einen hohen Stellenwert ein. Hier gibt es umfangreiche technische Spezifikationen (z.B. Pflichtenheft, Abnahmebedingungen etc.). Die eigentliche Bestellung und der Datenaustausch gelingt nur mit starker Beteiligung des Lieferanten.

5. Anlage

Der Lieferant liefert Systemlösungen (Teile von Anlagen oder komplette Anlagen). Nicht in jedem Fall stammt hier die Fertigung aus einer Hand. Unter Umständen übernimmt der Auftraggeber selbst Fertigungs- und Montageaufgaben mit.

Die *Einheitlichkeit der Schnittstellen* zwischen Auftraggebern und -nehmern ist bei den zum Einsatz kommenden unterschiedlichen Systemen in der Regel nicht gewährleistet. Speziell die Verbindung technischer Rechnersysteme wirft in der Praxis viele Probleme auf. Viele Normungsbemühungen konzentrieren sich auf diesen Sachverhalt! Grundsätzlich sollten alle an der Herstellung eines Produktes beteiligten Betriebe ebenso wie die Abteilungen eines Großbetriebes untereinander technische Daten austauschen können.

2 CIM-Basiskenntnisse Hardware/Software

2.1 Allgemeines

In den Anfängen der EDV-Anwendung war die *Hardware (Hw) der Hauptkosten- und Entwicklungsfaktor*. Demzufolge wurde für eine bestehende Hardware, d.h. für einen bestimmten Microprozessor-Typ, die entsprechende Software (Sw), auch Anwendungssoftware, im Nachhinein erstellt. Zuallererst wurde immer die Hardware-Frage entschieden.

Aufgrund des Preisverfalles bei gleichzeitiger Leistungssteigerung der Hardware und der gestiegenen Komplexität und Verteuerung der Software hat sich der Entscheidungsschwerpunkt auf ihre Seite verlagert. *Kristallisationspunkt* aller Entscheide ist die *Basis-Software*. Für die Basis-Software als zentraler Software-Baustein wird die benötigte Hardware beschafft, danach die Anwendungen entwickelt. Die Portabilität von EDV-Lösungen hängt deshalb primär von der Kompatibilität der Basis-Software ab.

Aus diesem Grunde gibt es Basis-Software, die auf Rechnern verschiedenster Hersteller einsetzbar ist (z.B. MS-DOS, UNIX). Auf der anderen Seite können viele Rechner-Systeme unterschiedliche Basis-Software bedienen (z.B. VAX).

Marktmechanismen haben eine gewisse *Standardisierung* der Systeme in den letzten Jahren erzwungen. Beispielsweise werden Sw-Entwicklungsentscheide danach getroffen, welchen Marktanteil das zugrundeliegende Basis-Sw-System erzielt hat, da sich daraus der potentielle Marktanteil für den Absatz der Anwendungs-Software ableiten läßt.

2.2 Software-Systeme

2.2.1 Aufbau, Bestandteile

Die Software besteht aus den Teilen Basis-Software und Anwendungs-Software. Die Basis-Software bedient und koordiniert als Verbindungsglied Hardware und Anwendungs-Software.

Die Basis-Software besteht aus Programmen, die dem Benutzer gestatten, Anwen-

dungsprogramme einzusetzen oder zu erstellen (Bild 2.1). Zur Basis-Software gehören sogenannte Steuer- und Dienstprogramme. Steuerprogramme steuern die Abläufe im Rechner und in den angeschlossenen Hardwarekomponenten. Darüberhinaus
koordinieren sie das Zusammenwirken aller Komponenten.

Beispiele für die Aufgaben der Basis-Software:

- Schreiben und Lesen von Daten und Programmen auf Massen-
  speichermedien,
- Speicherverwaltung,
- Ausgabe Operationen (Bildschirm, Drucker),
- Erfassen von Benützereingaben über die Tastatur.

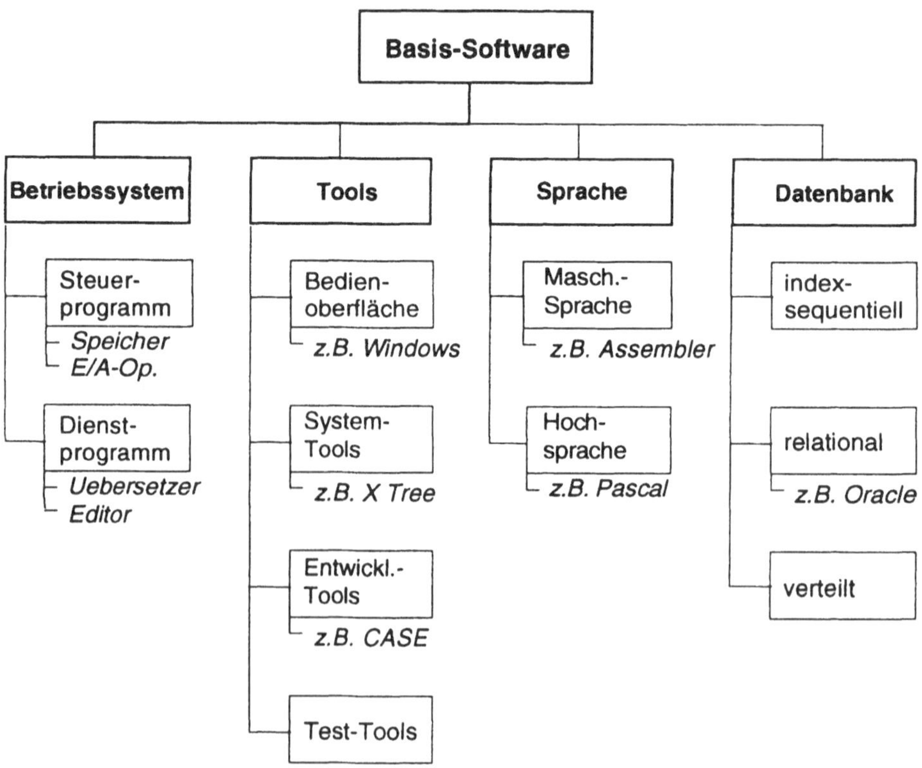

Bild 2.1: Bestandteile der Basis-Software

Zu den Dienstprogrammen zählen *Übersetzungsprogramme* (z.B. Assembler, Compiler, Interpreter). Sie übersetzen die in einer Programmiersprache geschriebenen Programme so, daß deren Anweisungen vom Rechner direkt ausgeführt werden können. Weitere Dienstprogramme geben Auskunft über den Systemzustand. Beispielsweise kann man das Inhaltsverzeichnis des Massenspeichers auflisten lassen. Der Texteditor dient zum Erstellen beliebiger Texte z. B. Listen, Programme oder Tabellen. Er bietet die Möglichkeit, Texte zu verändern etc.

Unter dem Begriff Anwendersoftware wird die Gesamtheit aller Programme verstanden, die zur Lösung von anwenderspezifischen Aufgaben benötigt werden. Die Basissoftware wird nahezu immer käuflich erworben, da sie ja auch überall einsetzbar ist. Die Anwendungs-Software andererseits muß häufig angepaßt werden. Es gibt Fälle, in denen eine Eigenentwicklung nötig ist. Bild 2.2 zeigt typische Anwendungspakete und gibt einen Überblick, ob diese als Standardpaket, angepaßtes Paket oder als Eigenentwicklung eingesetzt werden.

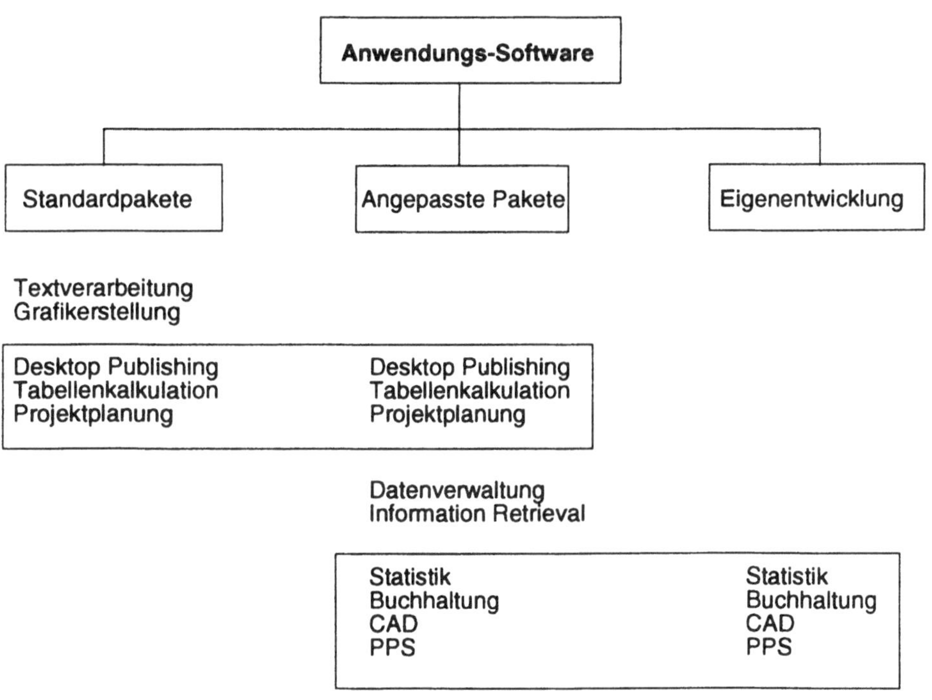

Bild 2.2: Anwendungs-Software (Beispiele)

2.2.2 Software-Familien, Beispiele

Es gibt eine sehr große Anzahl unterschiedlichster Softwaresysteme auf dem Markt. Alleine bei der Basis-Software ist die Vielfalt bereits außerordentlich. Längst nicht mehr alle Systeme, die in der Vergangenheit entstanden, sind heute marktrelevant. Und obwohl es bereits eine große Palette weitverbreiteter Systeme gibt, werden immer weitere neu entwickelt. Das Betriebssystem als zentraler Baustein der Basis-Software kann zunächst eingeteilt werden in:

- single-user-fähige Systeme (Einbenutzerbetrieb),
- multi-user-fähige Systeme (Mehrbenutzerbetrieb),
- single-tasking-fähige Systeme (Einprogrammbetrieb),
- multi-tasking-fähige Systeme (Mehrprogrammbetrieb).

Im PC-Bereich sind die Betriebssysteme MS/DOS, OS/2 und UNIX am stärksten verbreitet.

Typischer Vertreter der *single-tasking-Systeme* ist die DOS- Betriebssystem-Familie (MS-DOS, PC/DOS etc.). In diese Klasse gehört auch das apple-spezifische Betriebssystem für den Mac. Keine Bedeutung mehr hat das früher sehr verbreitete PC-Betriebssystem CP/M.

Verbreitete *multi-tasking-fähige Betriebssysteme* für mittlere Rechnersysteme sind folgende: OS/2 von der Firma IBM und UNIX. OS/2 ist als Betriebssystem-Software für die neue IBM-Rechnerfamilie gedacht (ausschließlich).

Betriebs-system	single-tasking (Einprogramm-betrieb)	multi- tasking (Mehrpro-grammbetrieb)	single-user (Einbenut-zerbetrieb)	multi-user (Mehrbenutzer-betrieb)
MS/DOS	X		X	
OS/2		X	X	
UNIX		X		X

Bild 2.3: Software für PC's

UNIX wurde 1969 in den Bell Laboratories der Firma AT & T (Telefongesellschaft) in den USA entwikelt (D.M. Ritchie, K. Thompson). Ca. 90 % des multi-user- und multi-taskingfähigen Systems sind in der Sprache C geschrieben. Nur der Rest liegt in der Maschinensprache Assembler vor und muß auf den jeweiligen Prozessor angepaßt werden. Deshalb läßt sich UNIX relativ leicht auf eine neue Hardware anpassen (portieren). Mitte der 70-er Jahre vergab AT & T Lizenzen für den Einsatz und die Weiterentwicklung von UNIX.

Seit Anfang der 80er Jahre kam UNIX richtig ins Geschäft. In kurzer Folge entstanden bis 1982 verschiedene UNIX-Varianten:

- University of California at Berkeley   BSD
- Siemens   Sinix
- Microsoft   Xenix

Aufgrund der unkoordinierten Weiterentwicklung der Anbieter haben sich *unterschiedliche Versionen* des ursprünglichen UNIX (Bell Laboratories) herausgebildet. Verbreitet sind zur Zeit (1991) folgende Systeme (ohne Gewähr):

UNIX-Variante	Anbieter
UNIX System V	AT & T
UNIX V	Unisys
HP-UX	Hewlett Packard
AIX	IBM
Realtime UNIX	Concurrent
UTS	Amdahl
DG/UX	Data General
Sinix	Siemens
Utek	Tektronics
X/OS, FTX	Olivetti
SPIX	Bull
386/ix	PC's mit INTEL-386 Prozeßoren
A/UX	Apple
XENIX	Microsoft
SCO UNIX	Santa Cruz Operation (SCO), Compaq
Ultrix,VNX (VMS)	Digital Equipment
MPX	Philips

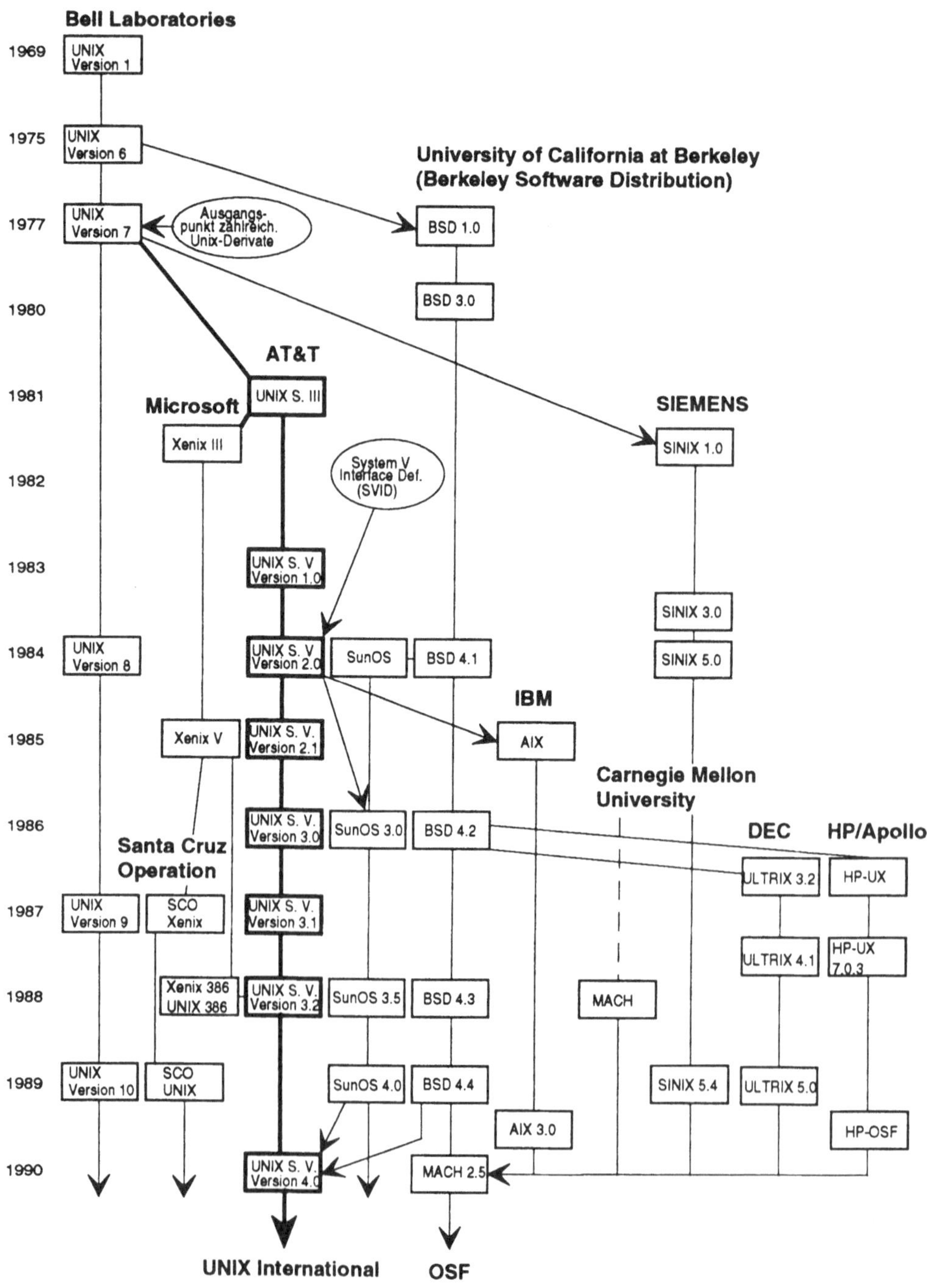

Bild 2.4: UNIX-Stammbaum

Betriebssystemfamilie	MAC	DOS	OS/2	Unix	VMS	OS/400	BS2000	MVS
Graphische Oberfläche								
Finder	x							
Windows		x						
GEM		x						
Pres. Manag.			x					
OSF/Motif				x				
X-Windows				x				
Sprachen 3.GL / 4.GL								
C		x	x	x	x		x	x
Basic	x	x	x	x	x	x		
Fortran		x	x	x	x		x	x
Cobol		x	x	x	x	x	x	x
Pascal	x	x	x	x	x		x	x
SQL		x	x	x	x		x	x
Relationale Datenbanken								
dBase		x						
Open Access		x	x					
Adimens		x	x	x				
FoxBase	x			x				
Sybase				x				
Concept 16		x		x				
Knowl. Man		x	x	x				
Dataflex		x	x	x				
Informix				x				
Uniface		x	x		x			
Ingres		x		x	x			
DBMS					x			
Oracle	x	x	x	x	x		x	
DB2								x
Adabas					x			x

Bild 2.5: Betriebssystemfamilien (Stand 1990, ohne Gewähr)

Diese Darstellung ist natürlich nie vollständig - Anbieter und auch Produktbezeich-
nungen ändern sich schnell. Die Unix-Betriebssysteme sind sich bis auf wenige
Befehle sehr ähnlich, jedoch nicht vollständig gleich, so daß bei der Portierung von Programmen, von einer Unix-Variante zu einer anderen ein gewisser Anpassungsaufwand
anfällt. Nur wenn man sich bei der Programmierung auf die in allen Unix -Varianten
identischen Befehle beschränkt, hat man eine vollständig portable Lösung.

Um auseinanderdriftenden *UNIX-Weiterentwicklungen* entgegenzuwirken, gründeten
verschiedene Hersteller Normierungsvereinigungen. Leider gibt es bereits 3 verschiedene Gruppen (Stand 1990):

- UNIX Software Operation (USO) oder Santa Cruz Operation (SCO)
- UNIX International (UI) oder UNIX System Laboratories (USL)
- Open Software Foundation (OSF)

Wenn diese Verbände sich nicht einigen, wird man wohl auch künftig bei UNIX keine
vollständige Kompatibilität erreichen.

Für große Rechenanlagen kommt heute sehr verbreitet das Betriebssystem VMS von
DEC zur Anwendung. Von IBM neu lanciert ist das System OS/400. Verbreitet sind
ebenfalls die Betriebssysteme MVS für IBM-Rechner, Niros für Nixdorf- Systeme, NOS
für Control-Data-Rechner sowie BS/2000 für Siemens-Rechenanlagen. Einen Überblick über Betriebssystemfamilien sowie zugehörige Oberflächen, Sprachen, Datenbanken gibt Bild 2.5.

2.3 Hardware-Systeme

2.3.1 Aufbau, Bestandteile

Eine typische Hardwarekonfiguration besteht mindestens aus folgenden Komponenten:

- Rechner, Speicher,
- Bildschirm,
- Tastatur,
- Drucker.

In vielen Fällen wird die Hardware durch weitere Geräte wie z.B. Eingabetabletts, Plotter, Scanner etc. erweitert.

Der Rechner ist in allen EDV-Systemen der zentrale Baustein. Er hat die Aufgabe, Befehle auszuführen und Daten, die vom Bediener eingegeben wurden, nach festgelegten Vorschriften (Programmen) zu verarbeiten. Die Hauptkomponenten des Rechners sind:

- Steuerwerk,
- Rechenwerk,
- Arbeitsspeicher,
- Ein-/Ausgabeeinheit.

Steuer- und Rechenwerk zusammen werden als *Zentraleinheit* (CPU = Central Processing Unit) bezeichnet. Das *Steuerwerk* bestimmt die Reihenfolge, in der die eingegebenen Daten und Befehle bearbeitet werden, das *Rechenwerk* führt die arithmetischen und logischen Operationen aus. Der *Arbeitsspeicher* (Hauptspeicher) hält die aktuell zu verarbeitenden Daten und Programme bereit (Bild 2.6).

2.3.2 Hardware-Familien, Beispiele

Wie im vorigen Abschnitt dargelegt, besteht die Hardware aus verschiedenen Komponenten. Die bestimmende Komponente zur Klassifizierung der Hardware ist der verwendete Prozessor. Heute im Einsatz befindliche PC-Systeme bedienen sich verschiedener Prozessoren (Bild 2.7).

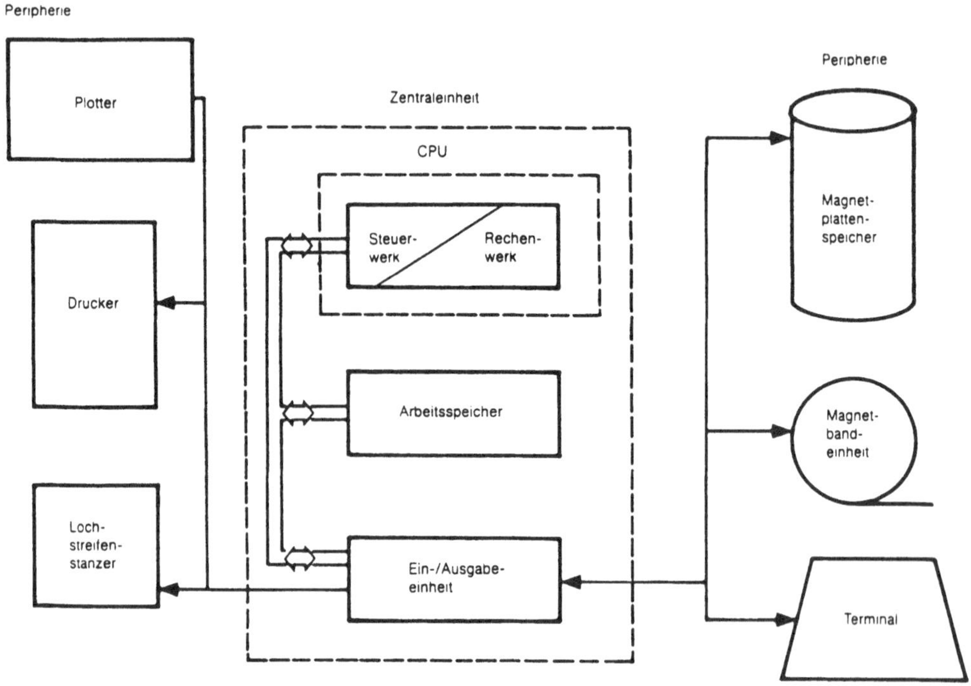

Bild 2.6: Bestandteile eines Rechners (9)

Chip	Hersteller	Erst-eins.	Daten-bus (bit)	Adress-bus (bit)	physik. adress. Speicher	Typisch. Betriebs-System	Typischer Rechner
6502	**Synertek**	1975	8	8	64 KB		Apple II
Z80	**Zilog**	1976	8	8	64 KB	CP/M	Digital Research
8080	**Intel**		8	8	64 KB	CP/M	
MC 68000	**Motorola**	1980	16	32	16 MB	System X.X	Apple Lisa
8088	**Intel**	1981	8	16	1 MB	MS-DOS	IBM-PC, Sirius 1
8086	**Intel**		16	16	1 MB	MS-DOS	Olivetti M24
80286	**Intel**		16	16	16 MB	MS-DOS	IBM PC-AT
386	**Intel**	1985	32	32	4 GB	MS-DOS	Compaq-Deskpro
MC 68030	**Motorola**		32	32	4 GB	System 6.X	Apple Macintosh
SPARC	**Sun**	1988	32	32	4 GB	Unix	Sun-4
486	**Intel**	1990	32	32	4 GB	OS/2, MS-DOS	IBM PS/2

* RISC-Architektur (Reduced Instruction Set Computer)

alle übrigen CISC-Architektur (Complex Instruction Set Computer)

Bild 2.7: Microprozessoren (Chips) für PC

Bei mittleren und größeren Rechnersystemen benutzt jeder Hersteller eigene Prozessoren. Die Bezeichnung der Prozessoren als LSI (Large Scale Integration) oder VLSI (Very large Scale Integration) sagt lediglich etwas über die *Schaltungsdichte* auf dem eingesetzten Chip aus. Die Prozessoren selbst sind sehr unterschiedlich.

Auf dem Micro-Computermarkt werden Prozessoren praktisch unabhängig als *Konfektionsware* gehandelt. So kommt es vor, daß der gleiche Prozessor in verschiedenen Rechnersystemen auftaucht. Dennoch ist eine 100 %-ige Kompatibilität nicht gegeben. Ein Beispiel dazu ist die Verwendung des 8088- Prozessors von INTEL in mehreren, untereinander nicht kompatiblen Rechnern.

Standardprozessor der PC-Welt ist heute der *386-Prozessor von INTEL*. Es gibt ein sehr großes Angebot verschiedener Rechnersysteme, die Kompatibilität der Rechner untereinander ist sehr gut. Teilweise werden sogar unterschiedliche Betriebssysteme auf den gleichen Prozessoren eingesetzt. Einen Überblick über die Entwicklung der Micro-Prozessoren, ihre technische Spezifikation sowie auch ihre Verwendung ist in der vorangehenden Tabelle dargestellt.

Zur Zeit entsteht eine neue Rechnergeneration mit sogenannten *RISC-Prozessoren*. RISC steht für **R**educed **I**nstruction **S**et **C**omputer (Computer mit reduziertem Befehlssatz). Bisherige Rechnersysteme werden nun im nachhinein als CISC-Systeme bezeichnet. CISC steht für **C**omplex **I**nstruction **S**et **C**omputer (Computer mit komplexerem Befehlssatz). Die Leistung der RISC-Rechner ist 2 - 4 fach gegenüber der herkömmlichen CISC-Technologie gesteigert. Dennoch ist es nicht wahrscheinlich, daß das RISC-Konzept das CISC-Konzept vollständig ablöst. Es gibt eine Vielzahl von Anwendungen, die auf CISC-Prozessoren mit genügenden Leistungen lauffähig sind.

Chip	Hersteller	Rechner (Beispiel)
R 3000	MIPS	Control Data Cyber 910 - 600
88000	Motorola	Data General AVION 300
R 2000	MIPS	DEC DS 2100
Precision	HP	HP 9000/Serie 800
Power	IBM	IBM Serie 6000
SPARC	SUN	SUN SPARC Station
i860	Intel	diverse

Bild 2.8: Rechner mit RISC-Prozessoren (Stand 1990)

2.4   Zentrale und dezentrale Systeme

In den 80er Jahren tobte lange Zeit der Meinungsstreit, ob *zentrale oder dezentrale* EDV-Lösungen den Anforderungen in der Praxis besser genügen. Heute ist es klar, daß je nach Ziel und Wirtschaftlichkeit größere Unternehmen sowohl zentral als auch dezentral arbeiten. Letztlich ist es am wichtigsten, welche Lösung den größten Nutzen für das Unternehmen bietet.

Je leistungsfähiger Personal-Computer oder Workstations werden, desto mehr tritt die zentrale DV in den Hintergrund. Aus diesem Grund verlagern viele Firmen Anwendungen, die bislang zentral wahrgenommen wurden, auf Arbeitsstationen. In ihrer Grundstruktur zentrale Systeme werden in Zukunft immer mehr *"dezentrale Substrukturen"* erhalten. Bei hohen Ansprüchen in der Endbenutzerkommunikation (z.B. CAD) müssen große Rechenleistungen am Arbeitsplatz direkt zur Verfügung stehen.

Andererseits müssen auch in kleinen Unternehmen gewisse Funktionen zentral wahrgenommen werden. Dies betrifft beispielsweise die Datenhaltung. Aus diesem Grund werden PC-Netze immer stärker mit *zentralen Komponenten* ausgestattet (sogenannte Client-Server-Architektur). Bei der Konzeption der EDV- Lösungen sowie auch bei der Koordination von Beschaffungen ist eine zentral-koordinierende EDV-Stelle ebenfalls notwendig. Man kann hier nicht alle Aufgaben und Entscheidungen den Anwendern selbst überlassen.

Mittelfristig ist zu erwarten, daß es zu einer *Koexistenz* von Workstations, PC's und Mainframes kommen wird. Die Aufgaben des Großrechners werden sich dabei verändern. Künftig dient er der Kommunikation, als Datenspeicher etc. Die eigentliche Verarbeitungs- und Rechenleistung wird am Arbeitsplatz bereitgestellt, die Verwaltung der Daten und Programme übernimmt der "konventionelle" Großrechner. Je nach Anwendung sind Programme und Daten vorübergehend oder auf Dauer auf die Arbeitsstation zur Bearbeitung ausgelagert. Dies zeigen auch die nachfolgenden Beispiele:

> Die Firma Air-Products and Chemicals in Allentown, Pennsylvania, strukturiert ihre firmeneigene Computeranlage zu einer Client-Server-Architektur um (10). Die vorhandene IBM 3090 bekommt die neue Rolle als "großer Server" zugewiesen. Sie übernimmt die zentralen Funktionen der Steuerung des Netzwerkes, der Kapazitätsplanung, der Vergabe der Protokoll- und Gateway-Standards und der Datensicherung. Das System wird folgendermaßen eingeführt: Zunächst wurde eine Client-Server-Struktur in einem PC/Workstation-Netz auf-

gebaut (ca. 25 Anwender). Danach erfolgte die Ankopplung zum Mainframe via Ethernet. Ziel ist es, allen Angestellten intelligente Workstations zur Verfügung zu stellen, um optimale Verarbeitungsleistungen zu erzielen.

Andere Konzerne verfolgen die Strategie, die zur Organisationsstruktur passende Informatik einzurichten. Die Firma MICHELIN beispielsweise richtete auf Werksebene ausschließlich Ethernet ein, zentrale Dienste des jeweiligen Werkes werden in einem VAX-Cluster wahrgenommen. Auf Bereichsebene werden VAX- und Micro-VAX-Systeme eingesetzt. Auf Abteilungsebene PC-Systeme. In der Konzernverwaltung sind IBM Host's vorhanden, die mittels SNA-Network untereinander kommunizieren und über ein Gateway an das Ethernet angeschlossen sind. Auf diese Weise können die Informatikbedürfnisse der einzelnen Funktions- und Fachbereiche besser berücksichtigt werden.

Die dezentrale EDV-Anwendung muß *behutsam reglementiert* werden. Die Mündigkeit der jeweiligen Anwender sollte dabei gefördert werden. Dazu muß die EDV-Abteilung jedoch ihre Monopol- und Expertenarroganz ablegen und auf die Anwender eingehen.

2.5 Netze

PC's haben heute längst ihr isoliertes Dasein überwunden. Man kann sie inzwischen nicht nur zu lokalen "PC-Inseln" verknüpfen, sondern flächendeckend das Unternehmen mit einem PC-Netz überziehen. Diese großen PC-Netze können mehrere hundert Endgeräte umfassen. In die Netze können auch Großrechner einbezogen werden.

Die Ausdehnung der Kommunikation auf verschiedene Rechnersysteme erfordert die *Standardisierung der Datenübertragungsprotokolle*. Das *OSI-Modell* (Open System Interconnection) wurde zu diesem Zweck von der ISO (International Standards Organization) erarbeitet. Es legt die Funktionen eines Netzwerkes in sieben Ebenen bzw. Schichten fest (Bild 2.9):

1. In der *ersten Schicht* (Physical Layer = Bitübertragungsschicht) wird die physikalische Verbindung festgelegt, wie z.B. die Anzahl und Art der Leitungen, Übertragungsgeschwindigkeiten, Steckertypen etc. Als Beispiel sei hier die V.24-Schnittstelle genannt.

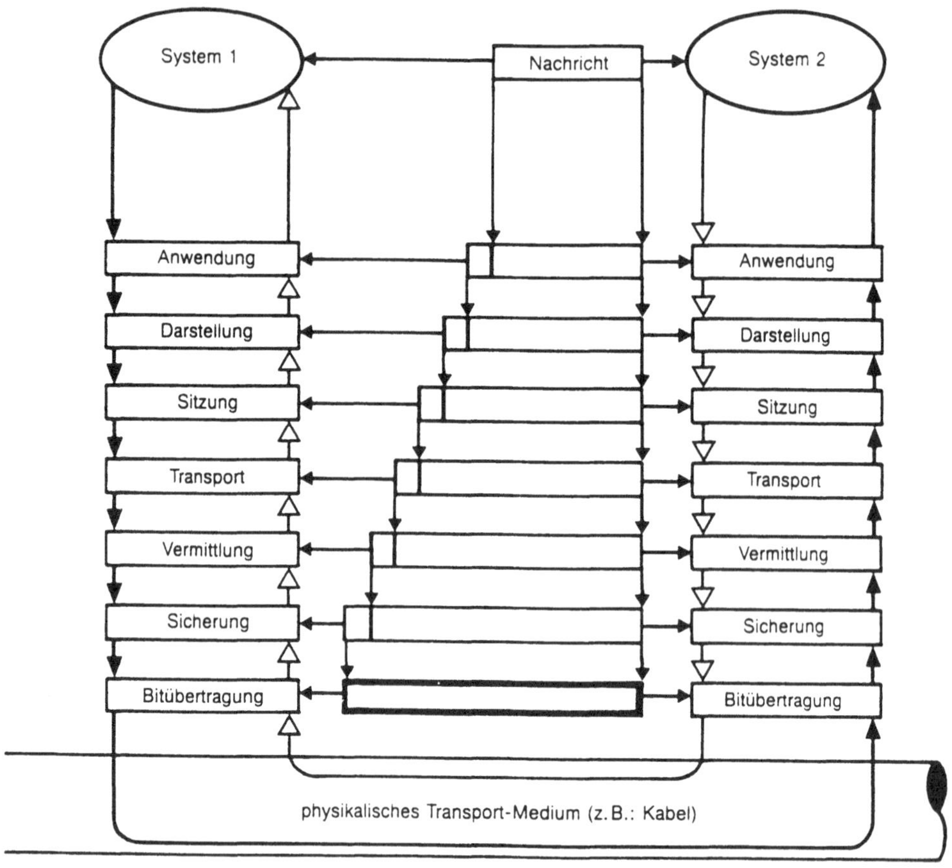

Bild 2.9: OSI-7-Schichtenmodell (9)

2. Die *zweite Schicht* (Data Link Layer = Sicherungsschicht) enthält das Datenformat für den Austausch der Daten über das Medium. Die heute weit verbreitete Anwendung der IEEE-802- Normen (Institute of Electrical and Electronical Engineers) unterteilt den Data Link Layer weiter in MAC (Medium Access Control= Zugriffskontrolle) und LLC (Logical Link Control = Verbindungskontrolle).

3. Die *dritte Schicht* (Network Layer = Vermittlungsschicht) dient der Informationsverteilung. Nachrichten werden in Datenpakete mit Empfänger und Absenderadresse aufgeteilt (für den Transport). Ankommende Datenpakete werden wieder zu vollständigen Nachrichten zusammengesetzt.

4. Die *vierte Schicht* (Transport Layer = Transportschicht) legt fest, wie die netzwerkunabhängige Ende - zu - Ende - Verbindung aufgebaut wird.

5. Die *fünfte Schicht* (Session Layer = Sitzungsschicht) dient der Steuerung der Kommunikation des Anwenders. Hier erfolgen Password-Abfragen und die Gebührenverrechnung.

6. Die *sechste Schicht* (Presentation Layer = Darstellungsschicht) dient der Verschlüsselung und Entschlüsselung von Daten bzw. ihrer Umwandlung (ASCII, EBCDIC).

7. Die *siebte Schicht* (Application Layer = Anwendungsschicht) dient der eigentlichen Verarbeitung der Daten, die der Benutzer eingibt. Hierunter fallen die Befehle, die zur Steuerung der Anwendungsprogramme benötigt werden.

Ein PC-Netz basiert technisch auf einem *physikalischen Übertragungsverfahren* wie z.B. CSMA/CD oder Tokenring (ISO- Ebene 1 und 2) und auf einer Netzwerk und Transportschicht, z.B. TCP/IP oder XNS (ISO-Ebene 3 und 4). Zusätzlich wird eine Kommunikationssoftware verwendet, welche die eigentliche Verbindung zur Anwendung auf dem Endgerät herstellt. Für den Anwender liegt der Vorteil der Vernetzung der PC's in der Nutzung gemeinsamer Ressourcen z.B. über im Netz angebotene zentrale Dienstleistungen (Bild 2.10).

Inzwischen sind viele angebotene PC-Programme netzwerkfähig und der Fileserver ermöglicht es jedem Anwender, Daten zentral abzulegen und zu sichern. Die Anwendungsprogramme werden ebenfalls zentral in einem speziellen Serverbereich bereitgehalten - bei einem *Release-Wechsel* braucht dann nur die Software auf dem Server gewechselt werden. Für den Betreuer des Systems bieten sich dadurch erhebliche Vorteile. Die Vorteile des Bedieners liegen in der hohen, am Platz verfügbaren Rechenleistung, woraus kürzeste Antwortzeiten resultieren, als auch in der optimalen Ergonomie des Arbeitsplatzes. Der zentrale Server gibt ihm die Möglichkeit, begonnene Arbeiten bei Bedarf auch von anderen Arbeitsplätzen aus weiterbearbeiten zu können.

Ein zentraler Print- und Plot-Service ermöglicht es im Netz eine gute *Auslastung der Ressourcen* sicherzustellen (resource-sharing). Mailservice und Gateway-Funktion sichern die Kommunikation im Netz untereinander als auch den Zugriff auf weitere externe Rechner. Mögliche Kommunikationsformen mit externen Rechnern sind:

- Terminalemulation (Remote Login),
- Datenübertragung (Filetransfer),
- Elektronische Post (Electronic Mail),
- Postdienste (Datex-P, Teletex, Fax, BTX/VTX).

Ein PC-Netz mit einer größeren Anzahl von Endgeräten benötigt unbedingt eine koordinierte Betreuung. Diese muß die Bedürfnisse der Anwender in systemtechnische Lösungen umsetzen sowie den reibungslosen Betrieb des Netzes (Verwaltung der Benutzer, Datensicherung) gewährleisten. Die Systembetreuung muß darüberhinaus zentrale Aufgaben wahrnehmen:

- Technische Beratung,
- Hardwarebeschaffung,
- Softwarebeschaffung.

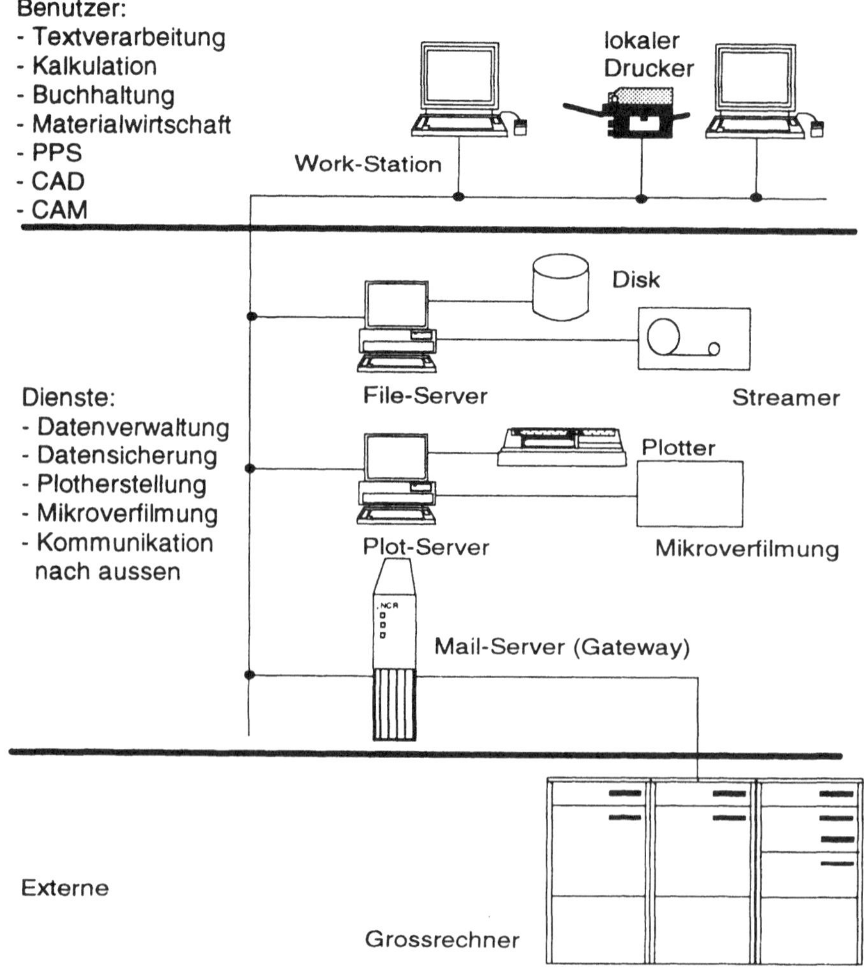

Bild 2.10: Modell eines Rechnernetzwerkes in einem Produktionsbetrieb

2.6 CIM-Baukasten, Hardware/Software

CIM kann heute mit sehr unterschiedlichen EDV-Lösungen realisiert werden. Um Alternativen, Varianten und Verträglichkeiten übersichtlicher darzustellen, dient ein in der Praxis entwickeltes *Baukastenmodell* (Bild 2.11). Es enthält Aussagen zu folgenden Hauptgruppen:

- Hardware (Rechnertyp),
- Software (Betriebssystem),
- Language (Programmiersprache),
- Data-Base (Datenbank),
- User-Interface (Bedienoberfläche),
- LAN (Local Area Network),
- WAN (Wide Area Network).

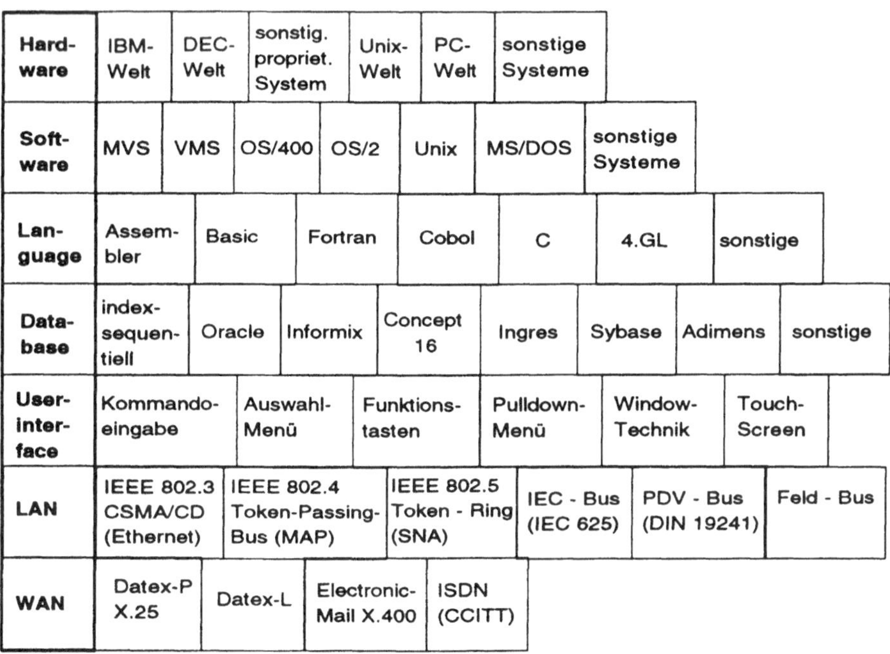

Hard-ware	IBM-Welt	DEC-Welt	sonstig. propriet. System	Unix-Welt	PC-Welt	sonstige Systeme		
Soft-ware	MVS	VMS	OS/400	OS/2	Unix	MS/DOS	sonstige Systeme	
Lan-guage	Assembler	Basic	Fortran	Cobol	C	4.GL	sonstige	
Data-base	index-sequentiell	Oracle	Informix	Concept 16	Ingres	Sybase	Adimens	sonstige
User-inter-face	Kommando-eingabe	Auswahl-Menü	Funktions-tasten	Pulldown-Menü	Window-Technik	Touch-Screen		
LAN	IEEE 802.3 CSMA/CD (Ethernet)	IEEE 802.4 Token-Passing-Bus (MAP)	IEEE 802.5 Token - Ring (SNA)	IEC - Bus (IEC 625)	PDV - Bus (DIN 19241)	Feld - Bus		
WAN	Datex-P X.25	Datex-L	Electronic-Mail X.400	ISDN (CCITT)				

Bild 2.11: CIM-Baukasten, Systemtechnik

Anhand dieses Baukastens können firmenintern Strategieentscheidungen bezüglich des CIM-Einsatzes vorbereitet werden. Damit kein EDV-Sammelsurium installiert wird,

dient er der Vereinbarung, welche Bausteine zu bevorzugen sind und welche ganz ver-
boten sind. Die Struktur und die Inhalte des Baukastens sind dabei firmenspezifisch
anzupassen.

3   CIM-Basiskenntnisse, Anwendungen

In den folgenden Abschnitten werden die zentralen CIM- Bausteine:
PPS, CAD, CAP, CAM, CAQ behandelt.

Jeder CIM-Baustein wird ausführlich in den 3 Schritten dargestellt:

- *Hauptfunktionen*
- *Arbeitsweise*
- *Kopplungen*

Die prinzipiell möglichen *Kopplungen zeigt die folgende Matrix.* Wiederholungen in den Beschreibungen wurden vermieden, im Kapitel PPS werden Datenflüsse zwischen CAD, CAP, CAM und CAQ dargestellt, im Kapitel CAD nur noch Kopplungen zu CAP, CAM und CAQ und so weiter. Bei der CAQ- Darstellung schließlich wird kein "Daten-fluß" mehr beschrieben, da alle Daten, die zu und von CAQ fließen, bereits in den vorangegangenen Kapiteln dargestellt wurden. Im abschließenden Kapitel 3.6 werden die CIM-Bausteine in Form eines Baukastens und einer ausführlichen Verknüpfungs-matrix dargestellt.

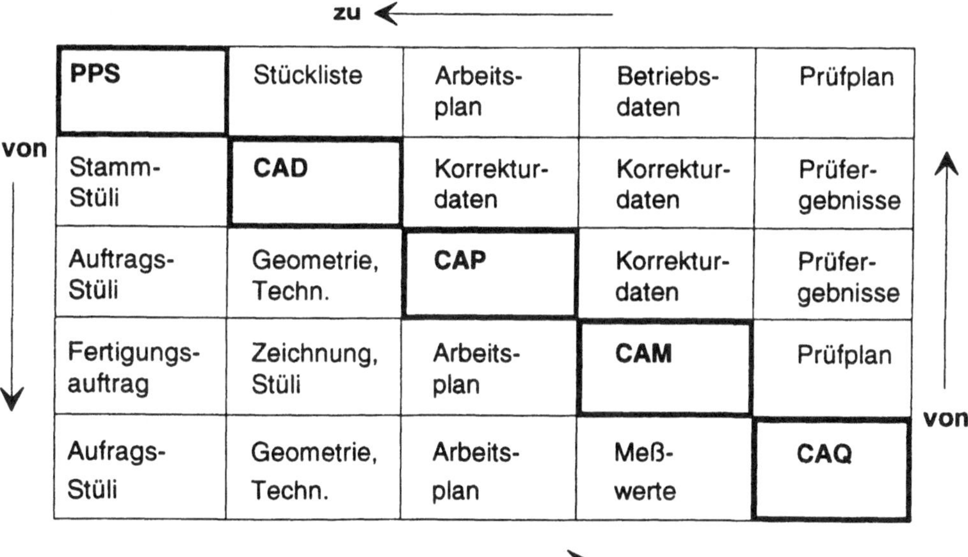

Bild 3.1: CIM-Kopplungsmatrix (Hauptinhalte)

3.1   PPS

3.1.1 Hauptfunktionen

Das PPS-System ist das Hauptsystem zur Aufrechterhaltung des *auftragsbezogenen* Informationsflusses für die Fertigung. Im Unterschied zum *produktbezogenen* primär technischen Informationsfluß von der Konstruktion (CAD) über Fertigungsplanung (CAP) zur Fertigung (CAM) und schließlich zur Qualitätssicherung (CAQ) befaßt sich PPS mit auftragsbezogenen betriebswirtschaftlichen Informationsinhalten.

Die Produktionsplanung und -steuerung (PPS) umfaßt folgende Hauptfunktionen:

- *Produktionsprogrammplanung,*
- *Mengenplanung,*
- *Termin- und Kapazitätsplanung,*
- *Fertigungssteuerung (z.T.).*

Dazu notwendig sind Module zur Datenverwaltung (*Datenbanken*). Teilweise vorhanden sind auch integrierte Module zur Fertigungssteuerung inkl. Auftragsüberwachung (Bild 3.2).

Die *Produktionsprogrammplanung* hat die Aufgabe, mittels Prognoseverfahren oder anderen Hochrechnungsmethoden ein Produktionsprogramm (Primärbedarf) festzulegen. Dieses enthält zeitliche und mengenmäßige Angaben über das künftige Produktionsvolumen. Je nach Anwendung werden existierende Kundenaufträge in die Berechnung des Produktionsprogrammes miteinbezogen. Dieses Produktionsprogramm enthält nur Verkaufsprodukte. Es wird nun vom PPS-System mittels der Stücklisten-Struktur in einen Bruttobedarf zerlegt. Der Bruttobedarf ist der Bedarf an einzelnen Bestandteilen, der sich aus der *Stücklistenauflösung* des Produktionsprogrammes oder Primärbedarfs ergibt.

Dieser *Bruttobedarf* wird nun mit dem Lagerbestand und bereits ausgelösten Bestellungen abgeglichen, um daraus einen *Nettobedarf* zu ermitteln. Der Nettobedarf muß nun zeitlich mit den vereinbarten Lieferterminen abgestimmt werden. In einer *Beschaffungsrechnung* werden nun Bestellaufträge erzeugt. Unter Hinzufügung der *Arbeitspläne* aus einer Arbeitsplandatei können die Fertigungsaufträge in die einzelnen notwendigen Arbeitsschritte zerlegt und damit die *Durchlaufterminierung* über alle Fertigungsstellen durchgeführt werden.

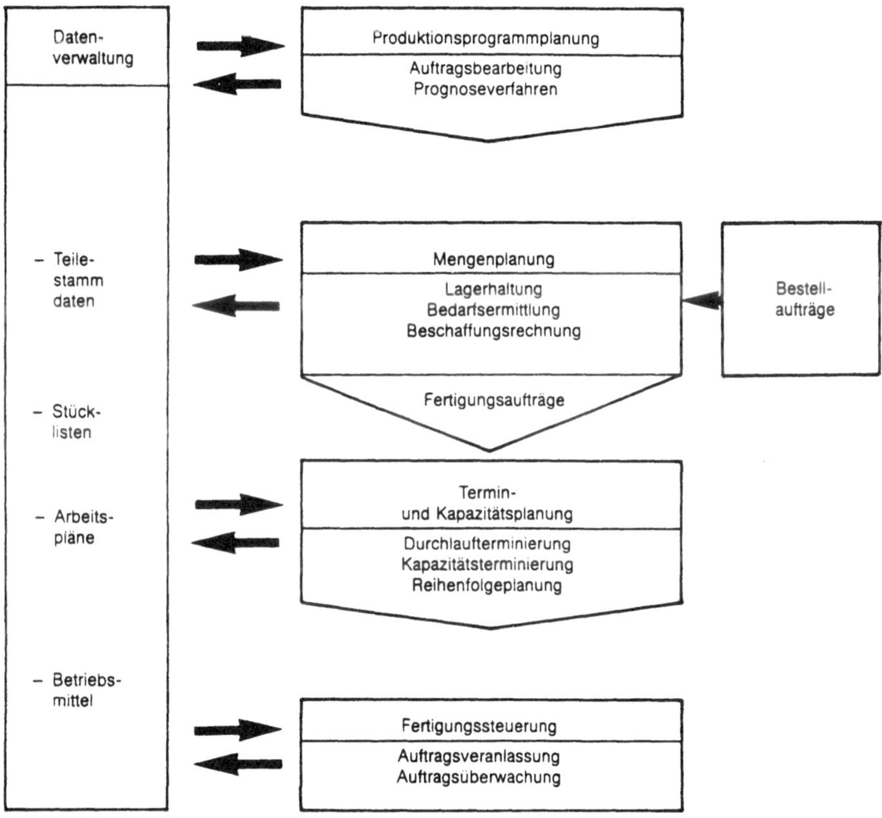

Bild 3.2: Hauptfunktionen der PPS (9)

Üblicherweise wird die *Rückwärtsterminierung* angewandt, d.h. ausgehend vom Liefertermin werden rückwärts die dazu notwendigen Fertigstellungstermine für die Vorfertigungsstufen errechnet.

Je nach Ausbaugrad des PPS-Systems wird unter Verwendung einer Betriebsmitteldatei nach der *Durchlaufterminierung mittels Kapazitätsterminierung* eine Reihenfolgeplanung gemacht. Verfügbarkeit und Kapazitäten von Betriebsmitteln werden hier berücksichtigt. Bei diesen Schritten ist die Durchführung von Simulationen und Alternativplanungen unumgänglich. Nach abgeschlossener Reihenfolgeplanung werden die Aufträge für die Werkstatt ausgedruckt oder in einen Fertigungsauftragspool (Datei) abgelegt.

Auf diesen Fertigungsauftragspool greift die *Fertigungssteuerung* zu. Werkstattsteuerungssysteme sind heute als grafischer Leitstand ausgeführt. Im ersten Schritt wird die Verfügbarkeit der Ressourcen (Maschinen, Material, Personal) geprüft. Danach erfolgt die Auftragsfreigabe und die Belegerstellung. Zu den Belegen gehören Operationskarten, Materialbelege, Lohnbelege. In hochintegrierten Systemen sind diese Belege maschinenlesbar gestaltet (z.B. Barcode), sodaß mittels Scanner Betriebsdaten automatisch erfaßt und zurückgemeldet werden können. Diese Systeme bezeichnet man als *Betriebsdatenerfassungs-Systeme* (BDE).

3.1.2   Arbeiten mit PPS

Produktionsprogrammplanung

Aufgabe der Produktionsprogrammplanung ist es, den *Primärbedarf* aus bereits erteilten Kundenaufträgen sowie prognostizierten Aufträgen abzuleiten. Die Prognose von Aufträgen ist in aller Regel notwendig, da aus Wettbewerbsgründen dem Kunden keine langen Lieferfristen zugemutet werden können und da nicht alle Produkte auf Lager genommen werden können. Man muß deshalb die Kundenaufträge vorhersehen, also prognostizieren. Für die Prognose *gebräuchliche Vorhersageverfahren* sind:

- Mittelwertbildung (arithmetisch, gleitend),
- exponentielle Glättungsverfahren,
- spezielle Hochrechnungen.

Die so gewonnenen Daten über die Auftragsmengen für bestimmte Zeitperioden werden gegebenenfalls manuell weiter optimiert. Beispielsweise könnten bestimmte Erzeugnisse wegen ihres hohen Deckungsbeitrages vorrangig eingeplant werden.

Auftragsbearbeitung

Ein weiterer Teilschritt der Produktionsplanung und -steuerung ist die Auftragsbearbeitung. Der Sachbearbeiter im Vertrieb des Unternehmens nimmt *Kundenaufträge* entgegen und gibt deren Daten in das PPS-System ein. Insbesondere sind dies:

- Kundennummer,
- Artikelnummer,
- Bestellmenge,
- Gewünschtes Lieferdatum.

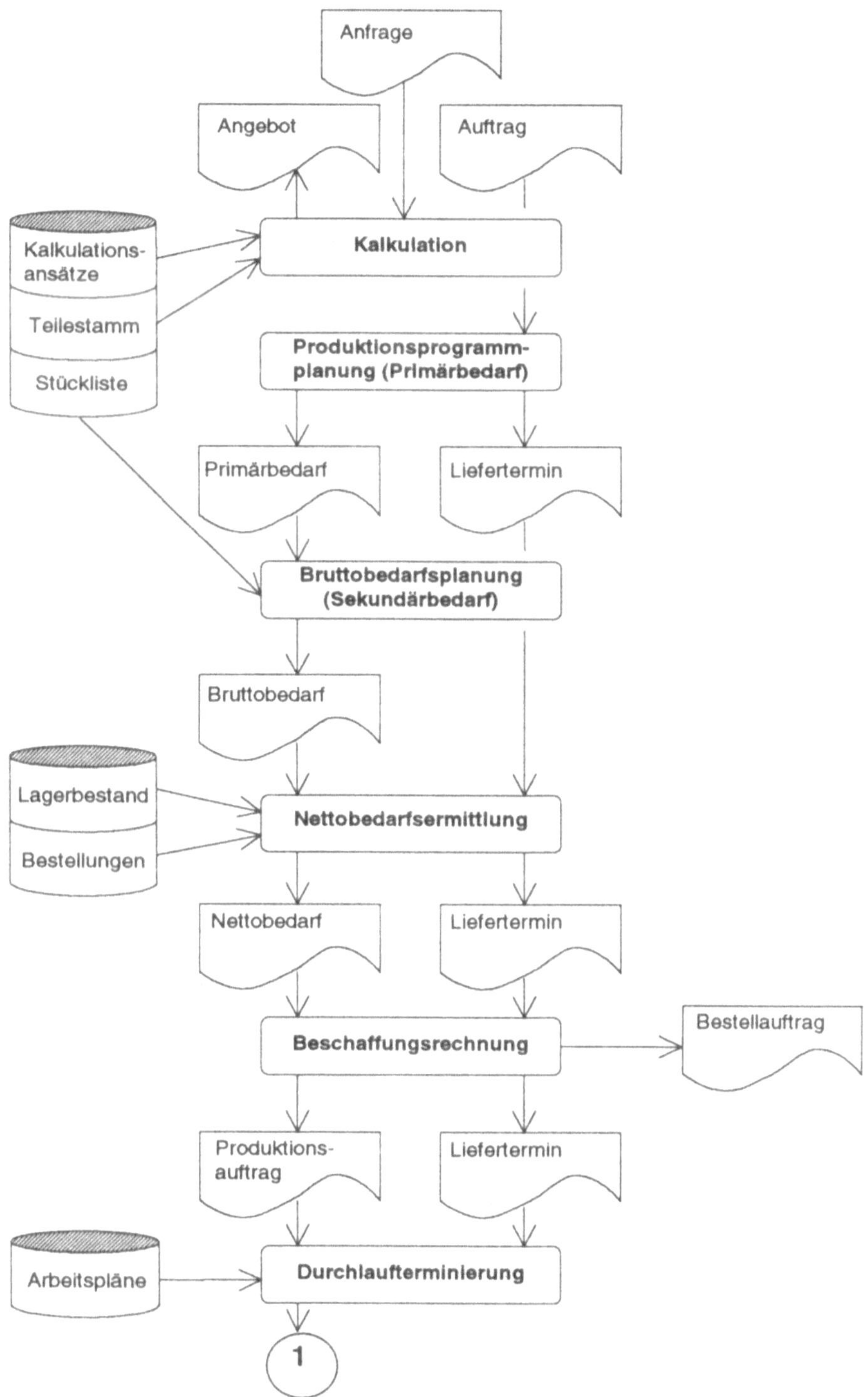

Bild 3.3: Auftragsabwicklung mittels PPS (Teil 1)

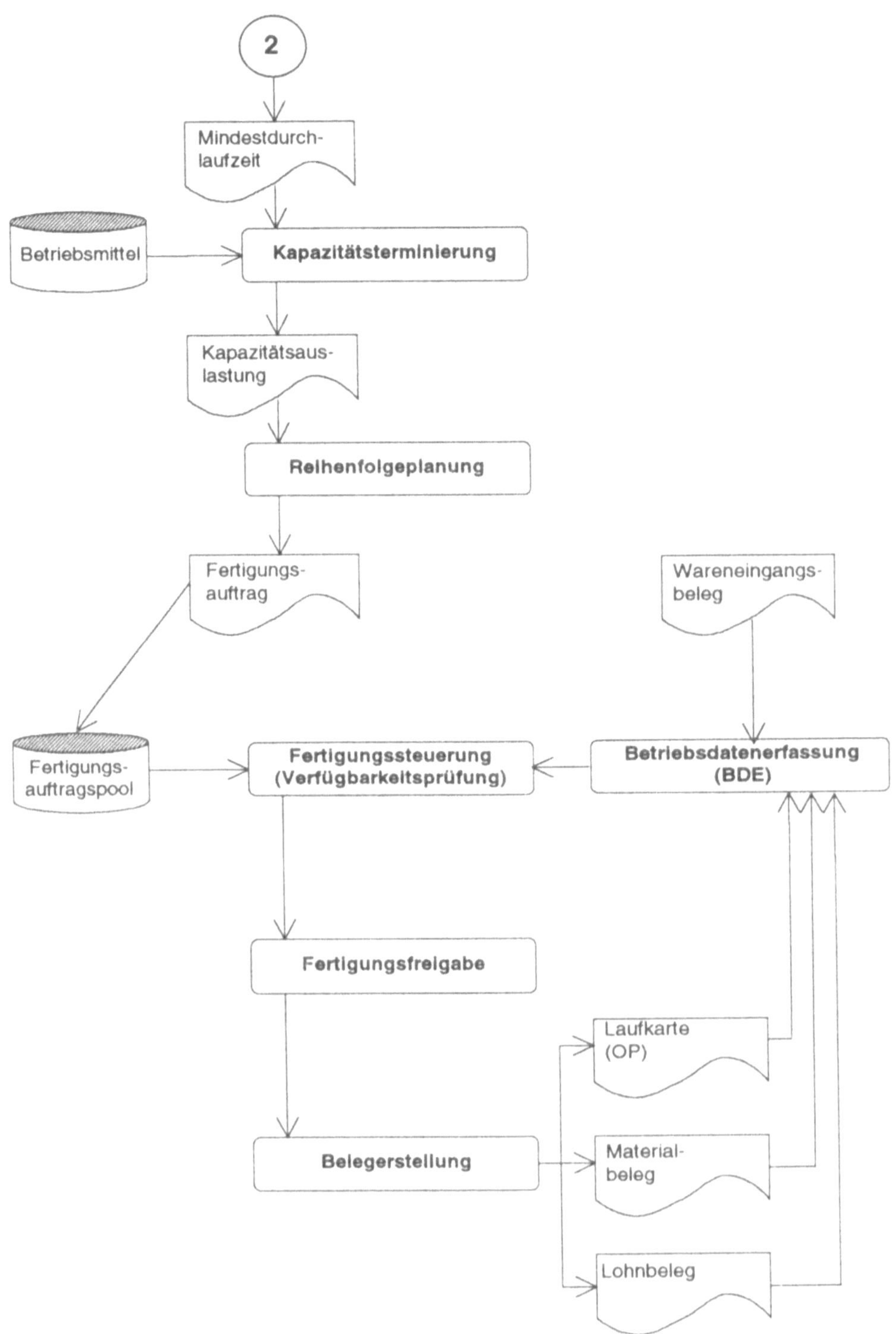

Bild 3.3: Auftragsabwicklung mittels PPS (Teil 2)

Fertigungssteuerung

PPS-Systeme besitzen sehr *unterschiedliche interne Strukturen*. Das Zusammenspiel BDE und PPS erfolgt ebenfalls auf verschiedene Weise, und man spricht daher auch von unterschiedlichen PPS-Systemen:

a) Transaktionsorientierte Systeme

Diese PPS-Systeme arbeiten in der Regel auftragsorientiert und verwalten jeden Auftrag und Arbeitsgang. Nach der Fertigmeldung eines Arbeitsganges wird der Start des Folgearbeitsganges im Rahmen der Planungsregeln festgelegt.

Entweder wird in einem *festen Zeitraster* geplant, d.h. es gibt eine feste Übergangszeit zwischen allen Fertigungsstufen oder es gibt je nach Kostenstelle variabel angepaßte *Übergangszeiten*.

b) Belastungsorientierte Auftragsfreigabe (BOA)

Bezogen auf die Beherrschung der Durchlaufzeiten besitzen transaktionsorientierte PPS-Lösungen in der Regel Mängel. Die belastungsorientierte Auftragsfreigabe basiert auf dem sogenannten *Trichtermodell* und berücksichtigt Arbeitsinhalte, Bestandsentwicklung und Durchlaufzeiten bei der Auftragsfreigabe für eine Kostenstelle. Mittels statistischer Verfahren kann eine genauere Planung des Durchlaufprozesses erzielt werden.

c) Fortschrittszahlen

Dieses Verfahren stammt aus dem Automobilbau und bewährt sich seit Jahrzehnten in der Groß-Serienfertigung. In der Regel besitzen alle durchlaufenden Teile an einer Fertigungstelle in etwa gleiche Arbeitsinhalte. *Geplant werden Soll-Stückzahlen je Tag oder Schicht.* Rückgemeldet werden die fertiggestellten Ist-Stückzahlen. Anhand der Abweichungen läßt sich der Fertigungsfluß sehr gut überwachen.

d) **Manufacturing Resource Planning** (MRP)

Dies ist die Bezeichnung von PPS in den USA. In der Regel handelt es sich dabei um transaktionsorientierte PPS-Anwendungen. Je nach Fertigung oder Firmengröße sind die Systeme hierarchisch aufgebaut (Grobplanungsstufen). Besonderes Ziel vieler MRP-Anwender ist es, die Planungsstufen möglichst gut aufeinander abzustimmen, d.h. die *Qualität des Planungsprozesses* zu erhöhen.

e) **Kanban**

Kanban ist japanisch und bedeutet *Karte.* Eine Kanban-Steuerung kann ganz ohne Rechnereinsatz realisiert werden. Voraussetzung ist die kontinuierliche Fertigung nach dem Fließprinzip, wie es für Groß-Serien üblich ist. Im Gegensatz zum Fortschritt-zahlen-Konzept, wo es eine zentrale Steuerung gibt und das *Bring-Prinzip* angewandt wird, regeln sich bei Kanban die Fertigungsstufen in einem *Hol-Prinzip* selbst. Es existieren selbstregelnde Kreise zwischen den aufeinanderfolgenden Fertigungsstel-len. Mittels immer wieder verwendeter Auftragskarten (Kanbans) werden die Bestel-lungen von den nachgelagerten Fertigungsstellen ausgelöst. Heute werden Kanban-Prinzipien oft mit JIT (Just-In-Time) bezeichnet. Kanban kann in der Praxis auch ohne EDV verwendet werden. Die Kanban-Kreisläufe regeln sich selbst.

f) **Optimized Production Technology** (OPT)

Dieses System konzentriert sich auf den Fertigungsfluß und widmet den Engpässen ganz besondere Aufmerksamkeit. Dazu werden verschiedene Regeln aufgestellt. Vom PPS-System speziell gesteuert wird das kritische Netzwerk, welches durch den Fertigungsfluß über die Engpaßmaschine gebildet wird.

Lagerhaltung

Lagerdaten sind für den Betrieb eines PPS-Systems unverzichtbar. Lager gibt es für:

Wareneingang:
- Rohmaterialien, Halbfabrikate
- Eigenfertigungsteile

- Zukaufteile
- Hilfs- und Betriebsstoffe

Warenausgang:
- Fertigwaren
- Ersatzteile

Darüberhinaus gibt es häufig die Notwendigkeit "Zwischenlager" anzulegen, um unterschiedliche Kapazitäten und Durchlaufzeiten im Produktionsprozeß auszugleichen. Hauptproblem der Lagerwirtschaft bleiben aber die sich widerstrebenden Ziele der hohen Lieferbereitschaft bei gleichzeitig niedrigsten Lagerbeständen.

Die Artikelstammdatei dient der Verwaltung der Lagerbestände. Der *Artikelstammsatz* beinhaltet:

- Artikelnummer,
- Artikelbezeichnung,
- Lagerbestand,
- Mindestbestand,
- Maximalbestand,
- Bestellpunktmenge,
- Mindestbestellmenge,
- Wiederbeschaffungszeit,
- Einkaufspreis,
- Verkaufspreis,
- sonstige Daten.

Neben den Artikeln werden auch *Lagerorte* verwaltet, wobei zu jedem Artikel lagerspezifische Informationen notwendig sind. Grundsätzlich besteht die Möglichkeit, die Artikel entweder über die Artikelnummer oder den Lagerort zu verwalten.

Es ist wichtig, im Rahmen der aktuellen *Lagerbestandsführung* sämtliche Lagerzu- und -abgänge zu verbuchen. Dadurch wird es möglich, statistische Auswertungen über Durchschnittsbeständeverbräuche etc. vorzunehmen. Für Zwischenabschlüsse der Buchhaltung lassen sich Lagerbestände jederzeit bewerten.

Anwendungen	Funktionen (Beipiele: immer vorhandene Funktionen wie Stammdatenverwaltung, Betriebskalender sind nicht aufgeführt)							
Produktionsprogrammplanung								
Bedarfsplanung	Prognoserechnung	Statistik	Grobkapazitätsplanung					
Auftragsbearbeitung								
Fertigungsplanung	Stüli-Verwaltung	Arbeitsplandatei	Kalkulationsmodul	Disposition	Kapazitätsplanung	Auftragsverwaltung	Auftragsfreigabe	Auftragsabrechnung
Beschaffung, Wareneingang	Disposition	Bestellwesen	Waren-Rechnungseingang	Lieferantendatei	Statistik	Qualitätswesen		
Fertigungssteuerung								
Fertigungsauftragsverwaltung	Auftragsfreigabe	Reihenfolgeplanung	Verfügbarkeitsprüfung	Statusabfrage	Belastungsabfrage	Auftragssplittung	Anwesenheitszeiterfassung	
Betriebsdatenerfassung	Zeiterfassung	Zugangskontrolle	Auftragsanmeldung	Auftragsrückmeldung	Qualitätsdateneingabe			
Lagerhaltung, Logistik								
Materialwirtschaft	Disposition	Bestellvorschlag	Lagerplatzverwaltung	Bestandsführung	Bestandsbewertung	Chargenführung	Lieferantendatei	Stücklistenverwaltung
Lagerverwaltung u. -steuerung	Lagerplatzverwaltung	Lagerbuchungen	Reservationen	Herkunftsnachweis	Materialstatus			

- *Nicht jede Funktion soll hier detailliert erläutert werden.*
- *Manche Funktionen lassen sich mehreren Anwendungen zuordnen.*
- *Funktionen können evtl. redundant sein.*

Bild 3.4: Anwendung verschiedener PPS-Funktionen im Überblick

Anwendung wichtiger PPS-Funktionen im Überblick

Für verschiedene Aufgaben oder Anwendungsbereiche sind in Bild 3.4 die wichtigsten Funktionen dargestellt. Es gibt eine ganze Reihe von Funktionen, die von verschiedenen Anwendern benutzt werden. Die dargestellte Zuordnung ist beispielhaft zu verstehen, da sowohl Anwendungsbereiche und deren Bezeichnungen sehr unternehmensspezifisch sind.

3.1.3 PPS-Kopplungen

Datenflüsse PPS-CAD

Die Stückliste ist wichtiges Ergebnis des Konstruktionsprozesses. Die *Generierung* erfolgt in der Regel durch Identifikation der einzelnen Bauteile auf dem Bildschirm. Der Konstrukteur erzeugt die Stückliste also manuell. Die Stücklisten des CAD-Systems werden nun ins PPS-System übertragen und dort verwaltet (Stammdatenverwaltung).

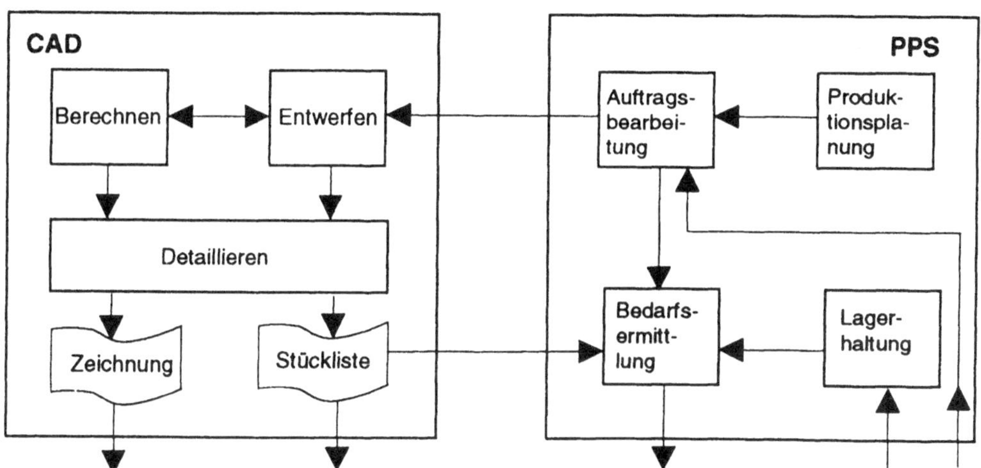

Bild 3.5: Datenfluß CAD-PPS

Ein neuer Auftrag wird in die Planung des PPS übernommen. Handelt es sich um die Produktion eines Standard- oder Serienteils, wird die Konstruktion nicht tangiert. In

vielen Fällen bedürfen aber die Aufträge technischer Abklärungen, Änderungen, Neu-
konstruktionen. In diesem Fall wird die Konstruktion bereits vor der eigentlichen
Produktionsplanung zur Abklärung der technischen Machbarkeit direkt vom Vertrieb
angefragt. Auf jeden Fall muß eine informelle, *organisatorische Kopplung* am Beginn
des CAD- und des PPS-Prozesses bestehen (Bild 3.5).

Stücklisten werden im CAD- System erzeugt und im *Stammdatenbereich des PPS-
Systems* verwaltet. Es gibt eine ganze Reihe verschiedenartig aufgebauter Stücklisten:

a) Mengenstückliste

In einer Mengenstückliste sind sämtliche Bestandteile eines Erzeugnisses mit der
entsprechenden Mengenangabe aufgelistet. Dabei ist jedes Teil nur einmal aufgeführt
und es ist nicht erkennbar, zu welcher Gruppe das Teil gehört.

b) Strukturstückliste

Strukturstücklisten zeigen den strukturellen Aufbau von Erzeugnissen, d.h. sie zeigen,
aus welchen untergeordneten Teilen und Baugruppen ein Erzeugnis zusammengesetzt ist.

c) Baukastenstückliste

Eine Baukastenstückliste wird auch als einstufige Strukturstückliste bezeichnet, weil
hier nur diejenigen Teile, die für den unmittelbaren Zusammenbau einer Gruppe
benötigt werden, sichtbar sind.

d) Variantenstückliste

Variantenstücklisten lassen sich einsetzen, wenn zu einem Grunderzeugnis sehr viele
Varianten möglich sind. Die entsprechende Variante wird erst generiert, wenn sie
benötigt wird. Auf diese Weise kann man die zu verwaltende Stücklistenmenge
drastisch einschränken.

Datenflüsse PPS-CAP

Der *Arbeitsplan* wird im Anschluß an den Konstruktionsprozeß erstellt. Er legt fest, über welche Kosten- und Fertigungsstellen, mit welchem Kapazitätsbedarf und in welcher Reihenfolge die Fertigung eines Teiles zu erfolgen hat. Dies bildet die Grundlage der *Durchlaufterminierung*.

Der Produktionsplan in der Auflösungsstufe *Nettobedarf* führt zu einem *Kapazitätsbedarf*, der dem Arbeitsplaner bekannt sein muß. Diese Art der PPS-CAP-Kopplung ist funktional erforderlich, da aus ihr Aufträge zur Arbeitsplanung sowie Anstösse für Alternativplanungen erfolgen können. Der Arbeitsplaner muß sich also diese Daten im PPS-System ansehen können. Die auftragsspezifische Stückliste, die im PPS-System verwaltet wird, kann unmittelbar in das CAP-System überspielt werden. Die Weiterverwendung für die Planung der Fügeoperationen oder Montageabläufe muß dann interaktiv durch den Arbeitsplaner erfolgen.

Datenflüsse PPS-CAQ

Die Prüfplanung im CAQ-System erfolgt in vielen Fällen sehr ähnlich wie die Arbeitsplanerstellung. Für die notwendige Datenübertragung vom PPS-System gilt das gleiche wie für die PPS-CAP-Kopplung.

Falls eine 100 %-ige Prüfung aller Teile erforderlich ist, müssen die Prüfschritte als "Arbeitsschritte" eingeplant werden. Sie können entweder als spezieller Arbeitsgang im Rahmen des CAP-Prozesses oder von einem CAQ-System eingeplant werden. In diesem Fall gilt das, was für die PPS-CAP-Kopplung bereits beschrieben wurde.

3.2   CAD

3.2.1   Hauptfunktionen

Die Einführung von CAD als Konstruktionswerkzeug läßt sich heute recht rasch bewerkstelligen. Die Schulung des Personals ist durch ausgereifte Kurse kein Problem mehr. Eingebaute Bedienhilfen und zunehmend besser gewordene Bedienoberflächen lösen viele Anwendungsprobleme. Der Einsatz von CAD-Systemen hat sich deshalb bereits stark durchgesetzt. Eine breite Palette "schlüsselfertig" einsetzbarer Systeme befindet sich auf dem Markt. Nach einer Untersuchung der Zeitschrift *Computerworld CH* (6/91) teilt sich der Gesamtmarkt in Europa in folgende Segmente auf:

- Mechanik	58 %
- Architekten/Bau	16 %
- Elektronik	15 %
- Sonstige	<u>11 %</u>
	100%

Wesentliches Kennzeichen des Konstruktionsprozesses, gerade beim CAD-Einsatz, ist die *Erzeugung enormer Datenmengen*. Vieles, was anschließend passiert, wird hier festgelegt, die Beeinflussung der Kosten ist sehr stark. Dieser entscheidenden Rolle wird man in der Praxis häufig nicht gerecht. Der Einsatz von CAD und speziell die Weiterverwendung der innerhalb des CAD-Prozesses erzeugten Daten muß sehr sorgfältig organisiert werden. Hier liegen noch große *Einsparungspotentiale* begraben. Durch den CAD-Prozeß werden folgenden Daten erzeugt:

1. **Produktbeschreibende Daten:**
    - Einzelteilzeichnungen
    - Baugruppen- und Zusammenstellungszeichnungen
    - Stücklisten

2. **Organisatorische Daten:**
    - sachbezogene Daten wie z.B.
        = Identnummer
        = Klassifizierung
        = Benennung
        = Änderungszustand
    - zeichnungsbezogene Daten wie z.B.
        = Zeichnungsnummer
        = Bearbeiter
        = Erstellungsdatum
        = Maßstab
        = Format etc.

3.2.2 Arbeiten mit CAD

CAD-Systeme lassen sich folgendermaßen klassifizieren:

a) **CAD-Mechanik-Systeme:**
   - 2 D-Systeme
   - 3 D-Systeme
     . Kantenmodell
     . Flächenmodell
     . Volumenmodell

b) **CAD-Elektrotechnik-Systeme**

c) **CAD-Elektronik-Systeme**

Die Arbeitsweise mit den Systemen ist zwar je nach Anbieter unterschiedlich, innerhalb der einzelnen Klassen jedoch soweit ähnlich, daß erworbene CAD-Grundkenntnisse übertragbar sind.

Bei CAD-2D-Systemen arbeitet der Konstrukteur in der x-y- Ebene ähnlich wie auf einem Zeichenbrett. Die Bedienung unterscheidet sich vom konventionellen Arbeiten erheblich. Untereinander besitzen die Systeme relativ große Ähnlichkeiten in der Bedienung und den vorhandenen Funktionen. Die Zeichnungserstellung mittels moderner CAD- 2D-Systeme wirft heute im Allgemeinen keine großen Probleme mehr auf.

CAD-2D-Systeme besitzen deshalb die größte Verbreitung. Benutzt werden sie zur *Erstellung von Fertigungs- und Montageunterlagen*, indem Ansichten und Schnitte der Teile erzeugt werden. Im Unterschied zum konventionellen Arbeiten werden jedoch nicht nur Fertigungszeichnungen und Stücklisten erzeugt. Per CAD erzeugte Produktdaten (Geometrie, Technologie, Stückliste) können in weiteren Rechnersystemen wie z.B. PPS, CAD, CAQ und CAM weiterverarbeitet werden.

CAD-3D-Systeme basieren auf 3 unterschiedlichen *Beschreibungstechniken:*

a) Kantenmodell (= wireframe model)
b) Flächenmodell (= surface model)
c) Volumenmodell (= solids model)

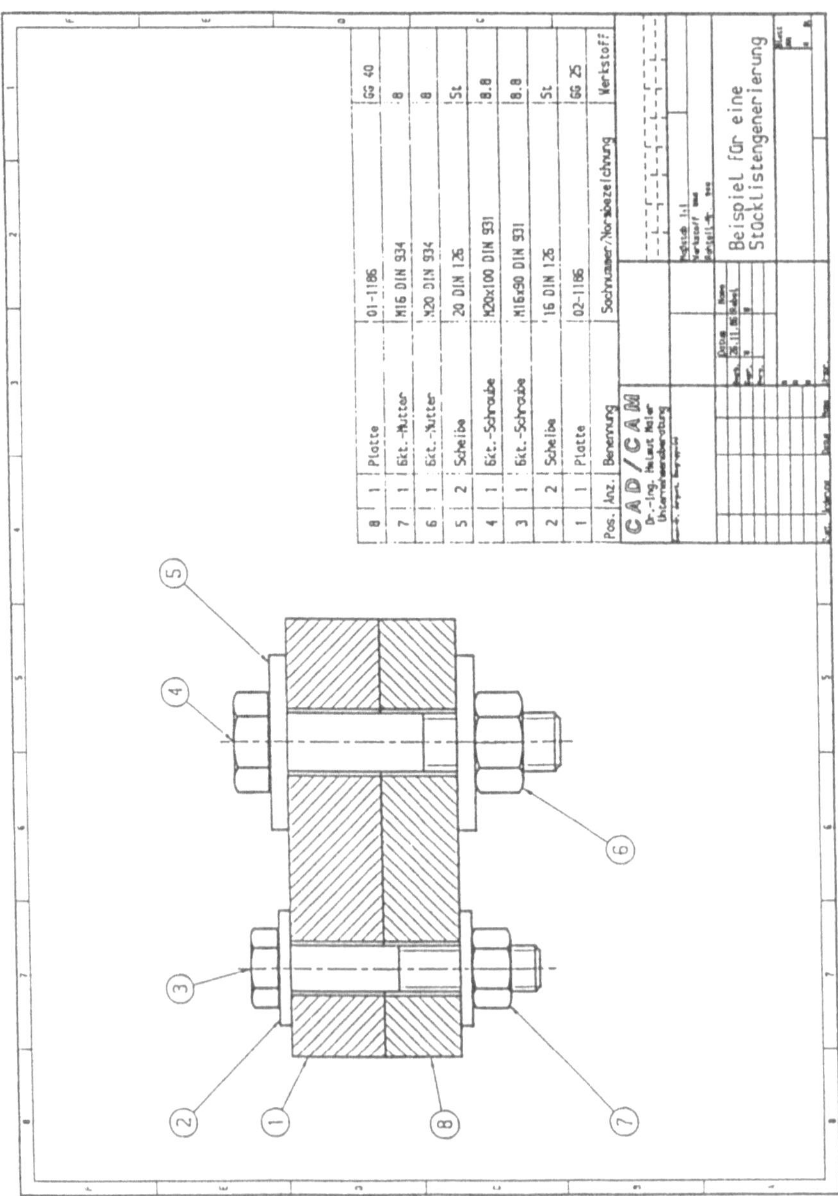

Bild 3.6: CAD-2D-Zeichnung mit automatisch generierter Stückliste

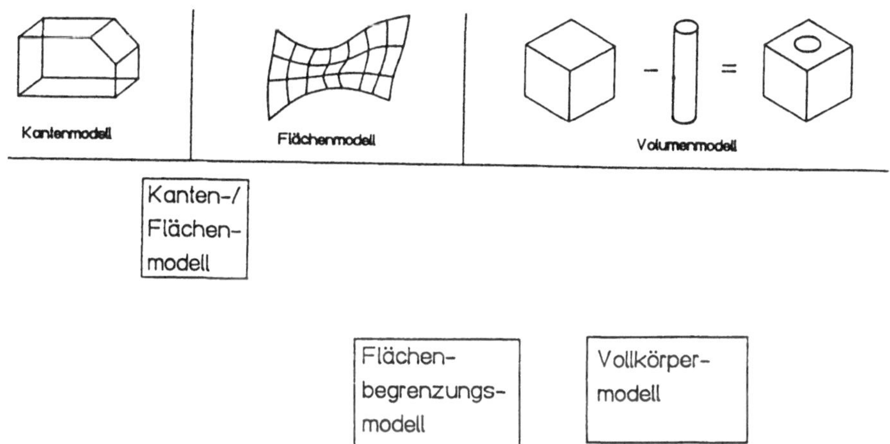

Bild 3.7: CAD-3D Beschreibungstechniken

Moderne 3D-Systeme vereinigen die Fähigkeiten aller 3 Beschreibungsverfahren in sich. Zur Zeit sind noch die höheren Kosten, die komplexe Bedienung und schlechte Antwortzeiten Hindernisse eines breiten CAD-3D-Einsatzes. Im Kraftfahrzeug-, Flugzeug- und Schiffbau ist die 3D-Anwendung heute bereits unverzichtbar.

Speziell bei Fertigungsverfahren, die Flächen höheren Grades (analytisch nicht einfach zu beschreiben) erzeugen, z.B. Gießen, Schmieden, Tiefziehen, Erodieren etc. ist der CAD- 3D-Einsatz eine Hilfe.

CAD-Elektrotechnik-Systeme gehören zu den 2D-Systemen. Ihre Hauptaufgabe ist es

- Stromlaufpläne,
- Klemmenpläne,
- Stücklisten,
- Kabellisten,
- Potentiallisten,

zu erzeugen. Die Anwendung wird in der Regel so standardisiert, daß Strompfade in festen Rastern eingegeben werden und sämtliche *Schaltsymbole aus einer Bibliothek* stammen. Die CAD- Elektrotechnik-Anwendung kann in der Regel überdurchschnittlich einfach und schnell realisiert werden.

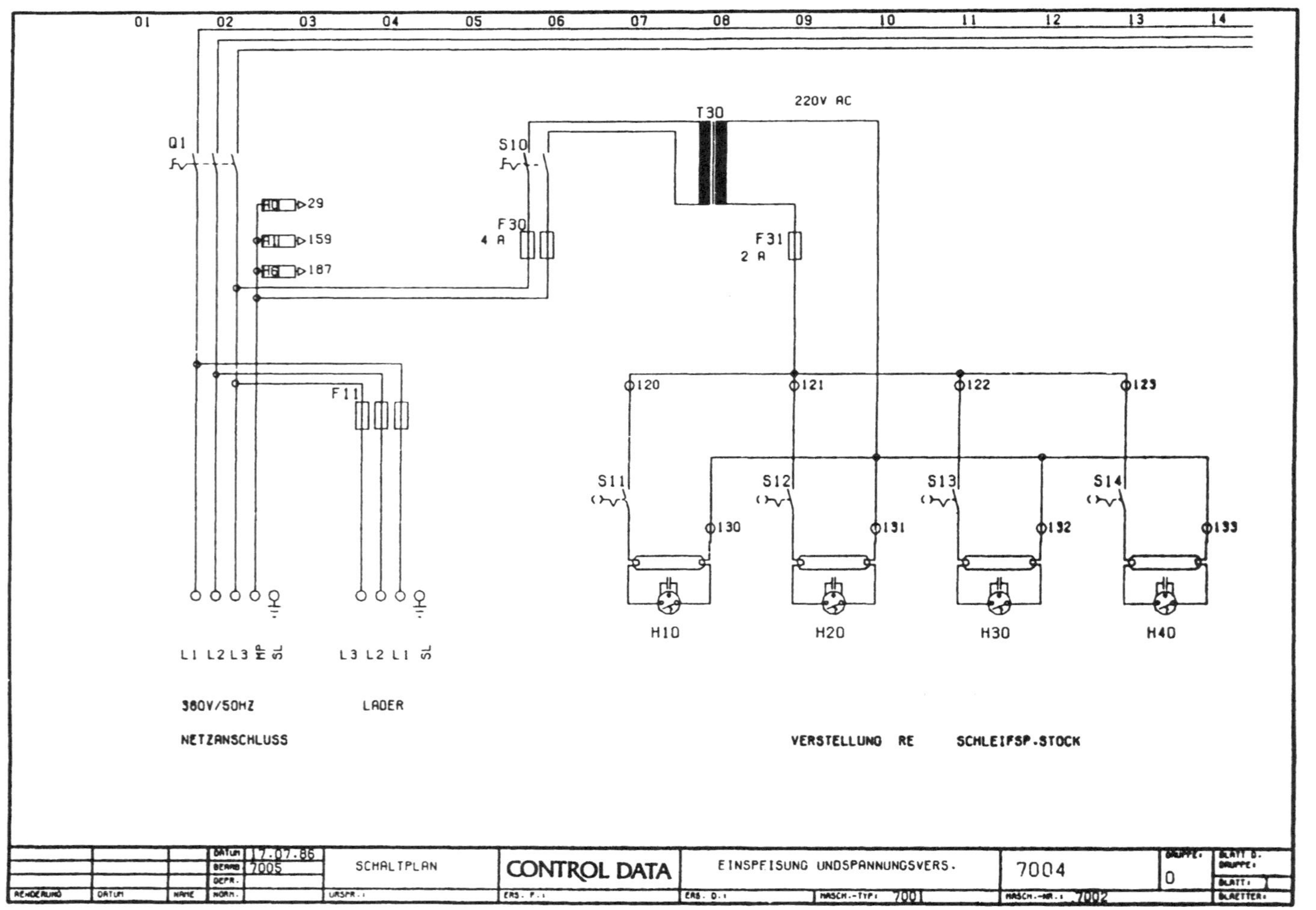

Bild 3.8: Schaltplan mit CAD-ET-System erzeugt

CAD-Elektronik-Systeme dienen der Entwicklung von Leiterplatten, Hybridschaltkreisen und IC's. Die Schaltungslogik durch das Plazieren der Bauelemente wird interaktiv erzeugt. Das Verlegen der dazu notwendigen Leiterbahnen geschieht meist automatisch durch das System. Die Ergebnisse dieses Prozesses werden direkt für die Fertigung der Leiterplatten verwendet.

Obwohl der CAD-Markt zu Beginn der 90'er Jahre relativ stark zur Ruhe gekommen ist, Sättigungstendenzen werden spürbar, ist mit einer starken Weiterentwicklung Ende dieses Jahrzehntes zu rechnen. KI-Module (künstliche Intelligenz) oder CASE- Methoden (Computer Aided Software Engineering) zur Optimierung der CAD-Anwendungssysysteme werden dafür sorgen.

Zur Zeit wird CAD überwiegend als 2D- Zeichnungserstellungssystem verwendet, obwohl für die vollständige Produktbeschreibung 3D-Funktionen erforderlich wären. Diese 3D-Anwendung wird sich künftig verstärken. Darüberhinaus werden Module eingesetzt, die die Geometriedaten zu Produktmodelldaten erweitern. Dies bedeutet eine *Erweiterung der Geometrie* um Funktions-, Technologie- und Qualitätsdaten. Notwendig sind dazu die CAD-integrierte Anwendung von Simulations-, FEM-, NC- und CAQ-Modulen.

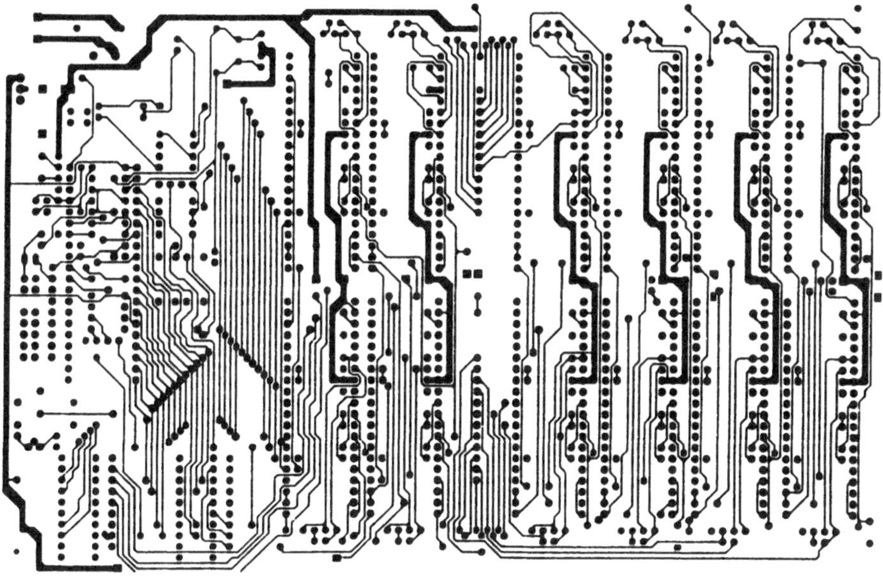

Bild 3.9: Leiterplatte mit CAD-System erstellt

CAD-Datenbanken

Nicht nur die Möglichkeit der automatisierten Weiterverarbeitung der in der Konstruktion mittels CAD erzeugten Daten birgt Rationalisierungspotentiale, CAD ist auch das
Hilfsmittel, um den Konstruktionsprozeß an sich zu rationalisieren und besser zu
organisieren. Der Zeichnungsschrank hat ausgedient, die Daten werden dauerhaft auf
Massenspeicher aufbewahrt. Um die Daten bei Bedarf möglichst schnell wieder auffin-
den zu können, bieten CAD- Systeme verschiedene *Such- und Klassifizierungsmög-
lichkeiten* an. Relationale Datenbanksysteme, mit dem CAD-System gekoppelt, bieten
den größten Komfort. Auf dem Markt gibt es fertige Lösungen, bei denen mittels *Sach-
merkmal-Leisten* Konstruktionen klassifiziert werden können. Diese Sachmerkmal-
Leisten dienen vor allem auch dazu, vor dem Konstruktionsbeginn ähnliche Teile
aufzufinden und die Erzeugung unbeabsichtigter Varianten von vornherein zu vermeiden.

Die Eindämmung der Variantenvielfalt ist besonders segensreich, da weitere Zusat-
zaufwendungen in der Folge, wie z.B. Arbeitsvorbereitung, Betriebsmittelbau, NC-
Datenerstellung etc. vermieden werden. Hauptziel bei der CAD-Anwendung muß es
sein, den Wiederverwendungsgrad der Baugruppen und der Einzelteile möglichst hoch
zu halten. In diesem Fall sind die Kostensenkungen für die gesamten Prozeßketten
enorm.

Für eine Datenübertragung an nachgelagerte Systeme werden immer *organisatorische Daten* (sachbezogene Daten) benötigt. Dies gilt sowohl für CAD-CAX-Kopp-
lungen als auch für CAD-PPS-Datenübertragungen. In der Regel handelt es sich dabei
um die Identnummer, die Benennung des Gegenstandes oder um Auftragsdaten.

Die entstehenden produktbeschreibenden Daten können folgendermaßen weiterverwendet werden:

a) **Einzelteilzeichnungen**

Aus den Einzelteilzeichnungen läßt sich mit Hilfe bestimmter Verfahren oder manuell
die Bearbeitungskontur für die Erstellung von NC-Programmen ableiten. Neben diesen
eigentlichen Fertigungsdaten können auch Daten für den Betriebsmittelbau und auch
das Qualitätswesen entnommen werden.

b) Baugruppenzusammenstellungs-Zeichnungen

Diese Zeichnungen werden primär für die Montage, die Dokumentation und das Ersatzteilwesen benötigt.

Normteildatenbanken

Bei der Zeichnungserstellung kann man häufig auf Normteile zurückgreifen. Was der Konstrukteur früher aus Katalogen in seinem Schrank entnehmen mußte, kann er heute *per Datenbank recherchieren*. Die Verwendung von Wälzlagerkatalogen ist dafür ein gutes Beispiel.

Der Zeichnungsaufwand kann damit deutlich reduziert werden. Bei guter Verwaltung der Datenbank ist es möglich, lagerhaltige oder *Vorzugsteile* speziell zu kennzeichnen.

3.2.3 CAD-Kopplungen

Datenflüsse CAD-CAP

Die Geometrie und die Technologie sind Hauptinhalte einer CAD-CAP-Kopplung. Sie sind die Hauptdaten zur Festlegung eines Arbeitsplanes und der Erstellung eines NC-Programmes. Aus organisatorischen Gründen werden darüber hinaus Zeichnungsnummer, Identnummer sowie Stücklistennummer benötigt.

Zurückgemeldet werden Änderungsanforderungen, Betriebsmittel-Konstruktionsaufträge, Konstruktionsvorgaben etc.

Datenflüsse CAD-CAQ

Sämtliche produktbeschreibenden Daten, insbesondere die qualitätsrelevanten Merkmale der Geometrie, müssen übermittelt werden.

Zurückgemeldet werden Änderungsanforderungen, Prüfauswertungen, Qualitätsvorgaben.

3.3 CAP

3.3.1 Hauptfunktionen

Unter CAP (Computer Aided Planning) wird die *computerunterstützte Arbeitsplanerstellung* verstanden. Ausgehend von Informationen aus der Konstruktion (Zeichnungen, Stücklisten) und weiteren betrieblichen Planungsunterlagen werden Arbeitspläne erstellt.

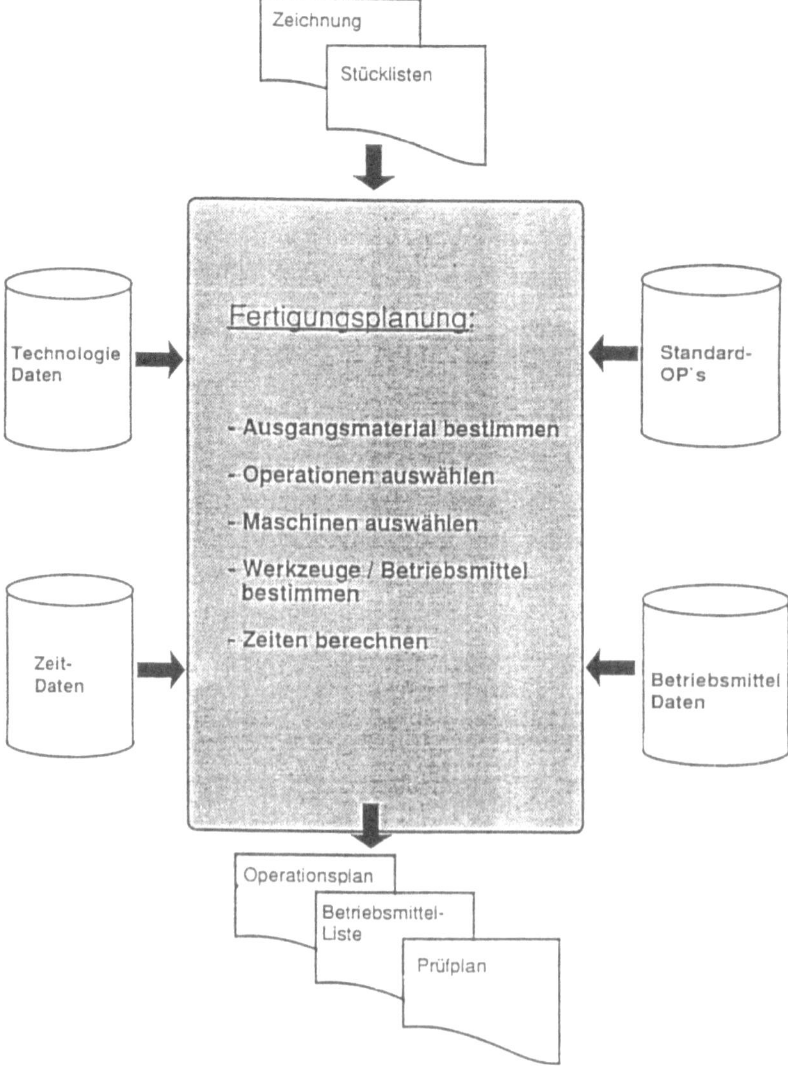

Bild 3.10: Datenfluß bei der Arbeitsplanung (ABB Produktionstechnik AG)

Die *betrieblichen Planungsunterlagen* umfassen Angaben zu:

- Fertigungsmitteln,
- Werkzeugen,
- Spannmitteln/Vorrichtungen,
- Meßmitteln,
- Transporthilfsmitteln.

Die Kerntätigkeit der Arbeitsplanung ist die *Bestimmung der Arbeitsgangfolge*. Zu ihrer Ermittlung müssen geeignete Maschinen, Werkzeuge, Spannmittel und Vorrichtungen ausgesucht werden. Evtl. wählt der Arbeitsplaner auch Meßmittel und Transporthilfsmittel aus.

Im nächsten Schritt werden mit diesen Angaben die *Vorgabezeiten* kalkuliert und schließlich der Arbeitsgang beschrieben. Als Nebenbedingung bei der Auswahl der Betriebsmittel müssen:

- Einsatzmöglichkeiten,
- Leistungsgrenzen,
- Kostenaspekte

berücksichtigt werden.

3.3.2 Arbeiten mit CAP

Auswahl von Betriebsmitteln

Betriebliche Planungsunterlagen sind häufig in Form von schriftlichen Unterlagen (in Ordnern) gespeichert. Komfortablere Arbeitsplanungssysteme unterstützen den Arbeitsplaner bei der Auswahl der Betriebsmittel. *Betriebsmitteldateien* beinhalten Listen sämtlicher Betriebsmittel und dazugehöriger Verwendungsnachweise. Die Verwendung von Klassifizierungssystemen, z.T. ausgebaut zu KI-Systemen (künstliche Intelligenz), erlauben dem Arbeitsplaner das vereinfachte Suchen mittels Ähnlichkeitskriterien.

Wichtiger Inhalt der Arbeitsplanung ist die Ermittlung der *Vorgabezeit* (Planzeit). Die Vorgabezeit zerfällt in die Komponenten:

- Hauptzeit (Zeit der eigentlichen Bearbeitung),
- Nebenzeit (Zustellbewegungen, Werkzeugwechselzeit),
- Rüstzeit.

In Dateien vorgefertigte abgelegte *Planzeitwerttabellen* oder die EDV-unterstützte Aufbereitung der Berechnungsfunktionen ermöglichen eine weitgehende Automatisierung der Vorgabezeitermittlung.

Arbeitsgangtexte beschreiben die Arbeitsgänge in knapper Form. Sie erleichtern den Mitarbeitern in der Fertigung und der Montage das Lesen der Arbeitspläne. Die erklärenden Textangaben machen einzelne Arbeitsschritte transparent.

Auch die Texterstellung wird mittels CAP-System unterstützt. Man unterscheidet zwischen fixen Texten, die der Arbeitsplaner aus einer Textdatei auswählt, und variablen Texten, die bei Bedarf zusätzlich manuell eingegeben werden müssen.

Aufbau eines Arbeitsplanes

Der Aufbau eines Arbeitsplanes unterliegt keiner Norm, jeder Betrieb gestaltet ihn nach seinen eigenen Erfordernissen und Erfahrungen. Dennoch sind viele Arbeitspläne inhaltlich ähnlich. Häufig wird ein Musterarbeitsplan verwendet, der vom AWF (Ausschuß für wirtschaftliche Fertigung e.V.) herausgegeben wird.

Die auf einem Arbeitsplan angegebenen Daten lassen sich in arbeitsgangabhängige und arbeitsgangunabhängige Daten unterteilen.

Arbeitsgangabhängige Daten:

- Arbeitsgangnummern
- Beschreibung der Arbeitsvorgänge
- Angaben über Kostenstellen
- Informationen über Lohngruppen
- Informationen über Rüst- und Vorgabezeiten
- Verweise auf bereits vorhandene NC-Programme etc.

Arbeitsgangunabhängige Daten:

Diese Daten können unterteilt werden in auftragsunabhängige und auftragsabhängige Daten. Häufig werden diese Daten auch als Kopfdaten bezeichnet.

Auftragsunabhängige Daten:

- Arbeitsplannummer
- Werkstücknummer und Bezeichnung
- Werkstoffbezeichnung
- Rohteil-Maße

Auftragsabhängige Daten:

- Auftragsnummer
- Auftragsart
- Mengenangabe
- Terminangabe

Die auftragsabhängigen Daten werden erst nach der Weiterverarbeitung im PPS-System dem Arbeitsplan hinzugefügt.

Erstellung und Verwaltung von Arbeitsplänen

Es gibt im wesentlichen drei Methoden:

- Neuerstellung,
- Ähnlichkeitsverfahren,
- Variablenverfahren.

Bei der *Neuerstellung* werden Arbeitspläne unabhängig von bereits vorhandenen Arbeitsplänen erstellt. Planungsgrundlage allein ist die Kenntnis betrieblicher Gegebenheiten. Als Unterstützungsmöglichkeit können Dateien über Betriebsmittel sowie Textbausteine verwendet werden.

Handelt es sich um die Planung eines ähnlichen Werkstückes, so ermöglicht dies eine Arbeitsplanung nach dem *Ähnlichkeitsverfahren*. Eine Planung nach diesem Verfah-

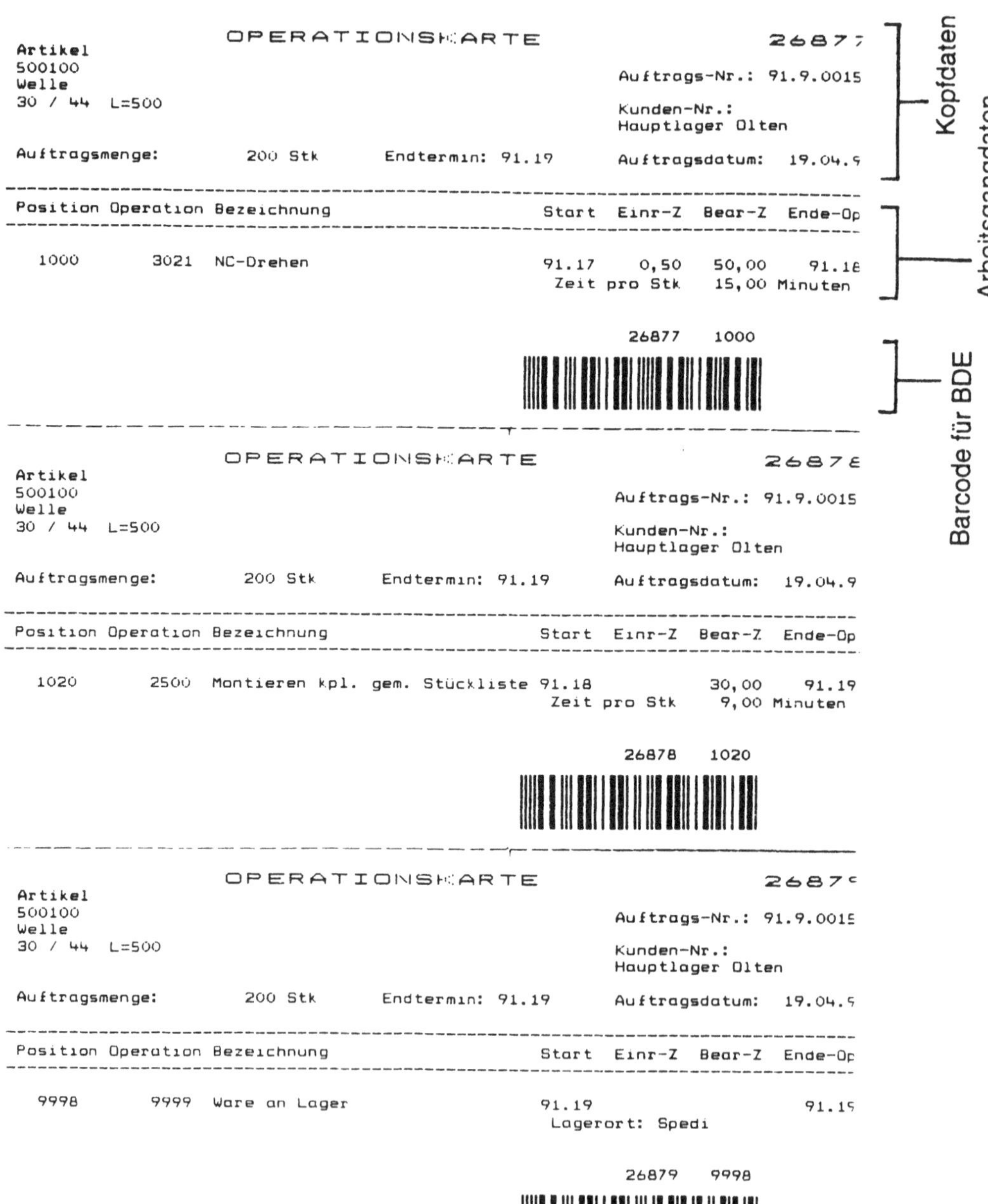

Bild 3.11: Arbeitsplan mit Operationskarte je Arbeitsgang und Barcode zur Betriebsdatenerfassung

ren ist jedoch nur möglich, wenn ähnliche Werkstücke in *Klassen* (Gruppen) zusammengefaßt werden können.

Gruppenbildung kann aufgrund von:

- Funktionsähnlichkeit,
- Formähnlichkeit,
- fertigungs- bzw. montagebezogener Ähnlichkeit und
- handhabungsbezogener Ähnlichkeit

erfolgen.

Für jede Gruppe ähnlicher Werkstücke wird als wiederverwendbares Planungsmuster ein *Standardarbeitsplan abgespeichert.*

Das *Variablenverfahren* läßt sich anwenden, wenn die Teile identisch zu bearbeiten sind, sich in den Maßen jedoch unterscheiden. Nach Eingabe der Größenverhältnisse als Parameter wird der Arbeitsplan dann automatisch erzeugt.

Bei Variablen- und Ähnlichkeitsverfahren genügt es, Standardarbeitspläne zu verwalten. Wenn keines dieser Verfahren angewendet werden kann, müssen sämtliche Arbeitspläne abgespeichert und verwaltet werden, falls eine Wiederverwendung wahrscheinlich ist.

Bei einer Wiederverwendung alter Arbeitspläne spricht man von einer *Wiederholplanung.* Aber auch in diesem Fall benötigt man ein Klassifizierungssystem, welches es ermöglicht, die gespeicherten Arbeitspläne über unterschiedliche Merkmale wiederzufinden. Beispiele für solche Merkmale sind:

- Identnummer,
- Benennung,
- Werkstoff.

Arbeitspläne für Teile, die häufig gefertigt oder montiert werden, nennt man *Stammarbeitspläne.* Diese Stammarbeitspläne können im Zuge einer Neuplanung mittels Klassifizierungssystem gefunden und auf ein ähnliches Teil als neuer Arbeitsplan angepaßt werden. Im Falle der Verwendung von Stammarbeitsplänen ist es besonders wichtig, die Daten auf dem aktuellsten Stand zu halten. Konstruktionsänderungen, Änderungen in der Fertigungs- und Montagetechnik sowie die Berichtigung falscher Daten müssen ständig durchgeführt werden. Speziell das Einarbeiten technologischer Änderungen in existierende Arbeitspläne ist recht aufwendig.

Entscheidungstabellen

WENN-DANN-Regeln werden in der Arbeitsplanung auch manuell häufig eingesetzt.
Übersichtlich darstellen und sortieren kann man diese Regeln in Entscheidungstabellen, diese kann ein Rechner verarbeiten.

Entscheidungstabellen bestehen aus 2 Teilen: Zuerst werden die Bedingungen
klassifiziert, danach die Aktionen, die aus den jeweiligen Bedingungen resultieren. Die
Zuordnung der Aktionen zu den Bedingungen kann auch als Expertenwissen bezeichnet werden. In Entscheidungstabellen läßt sich also Expertenwissen übersichtlich ab-
speichern (Expertensysteme).

<table>
<tr><td colspan="5" align="center">Entscheidungstabelle</td></tr>
<tr><td></td><td>Regel 1</td><td>Regel 2</td><td>Regel 3</td><td>Regel 4</td></tr>
<tr><td>Durchmesser
Material</td><td>< 60</td><td>< 300
Stahl</td><td>< 300
Aluminium</td><td>≥ 300</td></tr>
<tr><td>Arbeitsgang
Maschine
Kostenstelle</td><td>Drehen
Stangenm.
9441</td><td>Drehen
CNC-Masch.
9112</td><td>Drehen
Futtermasch.
9283</td><td>Einkaufen</td></tr>
</table>

Bild 3.12: Entscheidungstabelle für die Drehbearbeitung
            (ABB Produktionstechnik AG)

NC-Programmierung

Es gibt auf dem Markt *CAD-Systeme, die Module für die NC- Programmerstellung*
besitzen. In diesem Fall spricht man von integrierter NC-Programmerstellung. Diese

Systeme sind im Werkzeug- und Formenbau verbreitet. In vielen anderen Fällen handelt es sich um gekoppelte Systeme. Die in der Konstruktion erzeugten CAD-Daten werden in einem zweiten System weiterverarbeitet.

Die größte Datenmenge bei der CAD-/CAP-Kopplung entsteht durch die Geometriedaten. Weitere Daten aus der Konstruktion betreffen die Technologie, die durch Qualitätsangaben, Materialangaben, Toleranzen etc. festgelegt wird. Alle diese Daten sind in Konstruktionszeichnungen vorhanden. Darüberhinaus noch eine Vielzahl weiterer Daten, die im CAP- System nicht benötigt werden wie z.B.:

- Umlaufkanten,
- Schraffuren,
- Texte,
- Maßangaben,
- Hilfslinien.

Aus diesem Grund ist es notwendig, die in Zeichnungen enthaltenen Informationen zu strukturieren. Während des Konstruktionsprozesses kann man dieses mit Hilfe der *Ebenentechnik* erreichen. Wird nun eine Fertigungszeichnung vom Konstrukteur so aufgebaut, daß die für die Fertigung notwendigen Geometrieelemente auf einer Ebene (Folie) liegen und die sonstigen Informationen auf anderen Ebenen verteilt sind, kann man sehr schnell (evtl. automatisch) die richtigen Daten für den CAD-/CAP-Prozeß herausfiltern.

Geschieht diese Vorbereitung nicht bereits im CAD-System, so ist die Anpassung der CAD-Daten in einem *Kopplungsmodul* notwendig. In diesem Kopplungsmodul wird die Werkstück- Geometrie aufbereitet, d.h. es wird diejenige Kontur identifiziert, welche für die NC-Bearbeitung erforderlich ist. Die Weiterverarbeitung spezieller Geometrieangaben wie Toleranzen, Oberflächenrauhigkeiten etc. ist in der Regel nicht automatisierbar.

Die Vielfalt der Bearbeitungsmöglichkeiten moderner CNC- Maschinen erschwert die CAD-NC-Kopplung. Von der gewünschten Geometrie kann nicht immer unmittelbar auf die Art der Bearbeitung und des Werkzeuges geschlossen werden. Am Beispiel der *Komplettbearbeitung auf Drehmaschinen* wird dies deutlich. Bild 3.13 zeigt die Möglichkeiten der Komplettbearbeitung auf modernen Drehmaschinen.

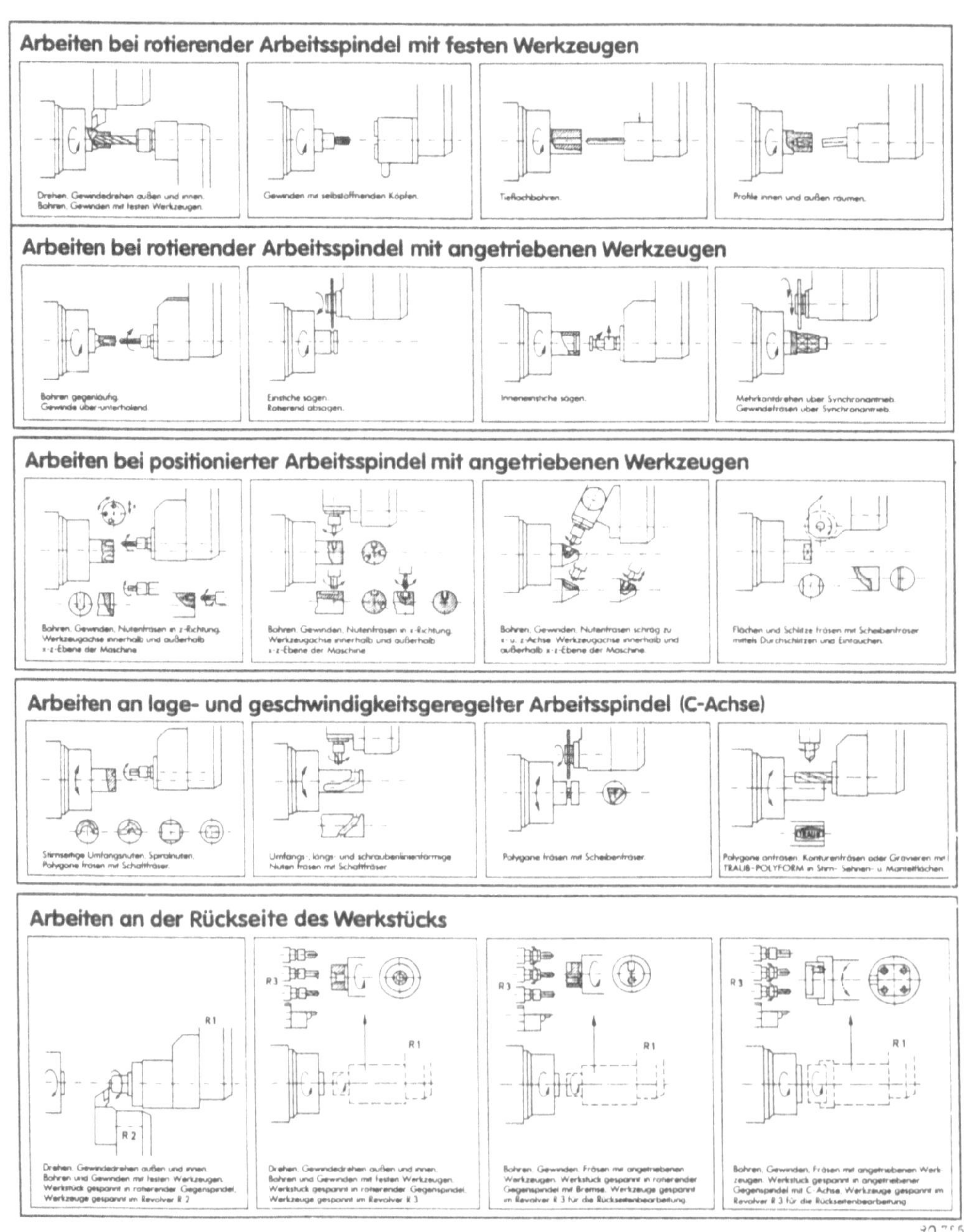

Bild 3.13: Komplettbearbeitung auf Drehmaschinen (Traub AG)

Folgende *Maschinenfunktionen* werden für eine Komplettbearbeitung benötigt:

- Arbeiten bei rotierender Arbeitsspindel mit feststehenden Werkzeugen (Konventionelle Drehbearbeitung);
- Arbeiten bei rotierender Arbeitsspindel mit angetriebenen Werkzeugen;
- Arbeiten bei positionierter Arbeitsspindel mit angetriebenen Werkzeugen;
- Arbeiten an geschwindigkeitsgeregelter Arbeitsspindel (C-Achse);
- Arbeiten an der Werkstückrückseite (entweder durch Gegenfutter oder Wenden des Werkstückes mittels Greifer).

CAD- und NC-Programmiersysteme weisen unterschiedliche Daten und Speicherungsstrukturen auf. Dies erfordert, daß die Daten vom CAD-System mittels eines normierten Formates (z.B. IGES) aufbereitet und in einer speziellen Datei abgelegt werden. Diese Datei wird dann zwischen den Rechnersystemen ausgetauscht. Die Datenübertragung zwischen CAD- und NC-Systemen kann nach verschiedenen Modellen realisiert werden (Bild 3.14).

In *Modell 1* sind das CAD-/NC-Kopplungsmodul und die Software zur Erstellung der NC-Programme zusammengefaßt. Der Anwender generiert im interaktiven Dialog ein maschinenspezifisches NC-Programm (DIN 66025).

Im *Modell 2* wird mit Hilfe eines Kopplungsmoduls als Zwischenergebnis ein maschinenneutrales NC-Programm erzeugt (CLDATA). Ein Post-Prozessor führt anschliessend maschinenspezifische Anpassungen durch und liefert das NC- Programm nach DIN 66025.

Beim *Modell 3* werden Geometrie- und Technologie- Informationen aus der Konstruktion in Form von Elementangaben dem NC-Programmiersystem übermittelt. Der NC-Programmierer generiert interaktiv ein CLDATA-Programm oder direkt ein maschinenspezifisches Programm (DIN 66025).

Beim *Modell 4* wird die Geometrie in Form von Macro-Angaben an das Programmiersystem weitergegeben. Es handelt sich dabei um Gestaltmacros oder um bereits mit technologischen Angaben versehene Formelemente. Die weitere Verarbeitung der Daten erfolgt wie bei Modell 3.

Im CAD-System integrierte NC-Programmiermodule bieten den gleichen Komfort wie die Applikation nach Modell 1. Allerdings ist es heute bei den realisierten Systemen

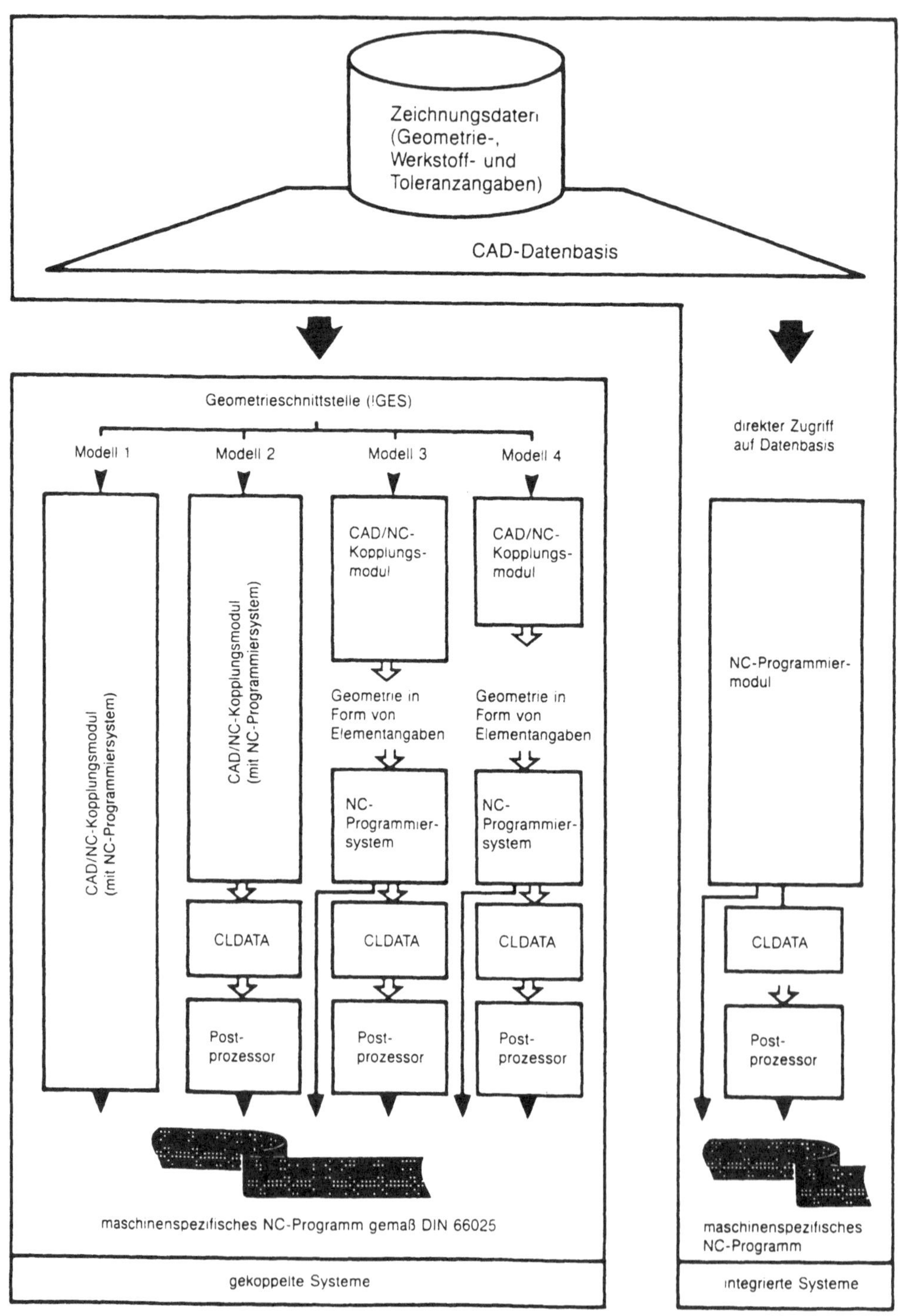

Bild 3.14: Gekoppelte und integrierte NC-Programmiersysteme

häufig so, daß kein maschinenneutrales CLDATA-File erzeugt wird, sondern ein maschinenspezifisches NC-Programm nach DIN 66025. Diese Art der Kopplung muß deshalb für jede CNC- Steuerung speziell realisiert werden.

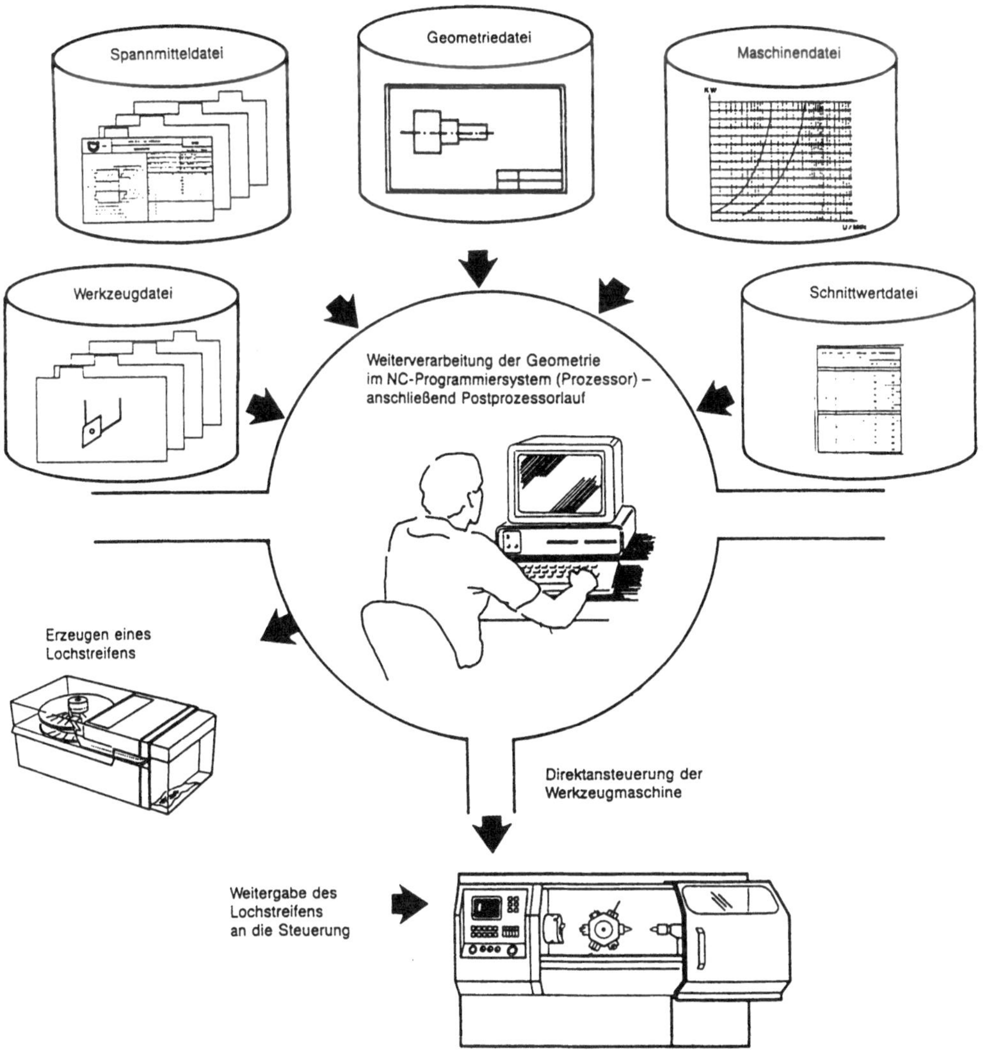

Bild 3.15: Erstellung eines NC-Programmes

Bei der *CAD-unabhängigen Erstellung von NC-Programmen* gibt es folgende Möglichkeiten:

- manuelle Programmierung,
- interaktive Erstellung eines Programmes nach DIN 66025,
- maschinelle Programmierung,
- interaktive Erstellung eines neutralen CL-DATA-Programmes,
- automatische Programmierung mittels CAD-/NC-Kopplung.

Manuelle Programmierung

Die manuelle Programmierung wird heute noch in vielen Betrieben eingesetzt. Bei der
manuellen Programmerstellung muß der Programmierer alle für die Bearbeitung notwendigen Angaben selbst ermitteln, um damit ein Programm im Maschinenformat (DIN
66025) zu erstellen. Dabei fallen folgende Tätigkeiten an:

- Ermittlung der Bearbeitungsfolge,
- Wahl der Werkzeuge,
- Wahl der Werkstückaufspannung,
- Festlegung der Werkzeugwege,
- Detaillierung des Bearbeitungsablaufes,
- Ermittlung der Schnittwerte.

Heute erfolgt die Programmierung häufig direkt an der CNC- Maschine. Man spricht
deshalb auch von *Werkstattprogrammierung*. Moderne Steuerungen unterstützen den
Bediener dabei durch umfangreiche Programmierhilfen und hohen Bedienkomfort.
Diese Art der Programmierung hat jedoch den Nachteil, daß ein erstelltes NC-
Programm nur für Maschinen gleichen Typs, ausgerüstet mit identischer Steuerung,
tauglich ist. Artverwandte Maschinen eines anderen Herstellers können mit diesem
Programm nicht geladen werden.

Maschinelle Programmierung

Das NC-Programm wird in einer problemorientierten dem Bearbeitungsverfahren an-
gepaßten höheren Programmiersprache beschrieben (z.B. TC-APT, EXAPT). Erst anschließend wird ein maschinenspezifisches NC-Programm nach DIN 66025 mit Hilfe
eines *Postprozessors* erzeugt.

Sonstige Programmierung

Im Bereich CAP werden - sofern vorhanden - auch Betriebsmittel wie Roboter, Handhabungs- und Transporteinrichtungen programmiert. Zum Einsatz kommen dabei spezielle Programmiersprachen, auf die hier nicht näher eingegangen werden soll.

3.3.3 CAP-Kopplungen

Datenflüsse CAP-CAQ

Falls der Prüfplan im CAP-System erstellt wird, muß er komplett in ein CAQ-System übertragen werden. Andernfalls wird lediglich die Nummer des Arbeitsplanes gemeldet, zu dem ergänzend ein Prüfplan im CAQ-System zu erstellen ist.

Rückgemeldet in das CAP-System werden Prüfergebnisse und/oder Qualitätsanforderungen/-vorgaben.

Datenflüsse CAP-CAM

Arbeitspläne und NC-Programme werden in die CNC-Steuerungen übertragen. Sie müssen aber vorher zur Weiterverwendung im CAM-Prozeß speziell freigegeben werden. Da Fehler relativ häufig auftreten, muß man ständig eine größere Menge gesperrter Arbeitspläne und NC-Programme verwalten.

Aus dem CAM-Bereich rückgemeldet werden Korrektur- und Änderungsdaten.

3.4   CAM

3.4.1 Hauptfunktionen

Mit CAM (Computer Aided Manufacturing) wird die computergestützte Fertigung und Montage bezeichnet. Hierunter fällt die direkte Steuerung von Arbeitsmaschinen, verfahrenstechnischen Anlagen, Handhabungsgeräten sowie Transport- und Lagersystemen. Die verwendeten Steuerungen sind CNC- (= Computer Numerical Control)

oder SPS (= Speicherungsprogrammierbare Steuerungen)-Systeme. Dazu gehören
alle automatisierten Systeme in den Bereichen:

- Wareneingang,
- Lager,
- Vorfertigung,
- Fertigung,
- Montage,
- Transport,
- Versand.

Im Bereich CAM erfolgt der Betrieb und die Betriebsüberwachung dieser Systeme.
Man unterscheidet zwischen Prozeßführungsebenen und Prozeßsteuerungsebenen.

Prozeßführungsebenen:

- Auftragsverteilung und -start
- Fortschrittsüberwachung
- Materialabrufe
- Versorgung der Betriebsmittel
- Transportauslösung
- Maschinendatenerfassung
- Korrekturmaßnahmen

Prozeßsteuerungsebenen:

- Steuerung der Bearbeitungssysteme
- Steuerung der Handlingsysteme
- Steuerung der Transportsysteme
- Systemüberwachung
- Diagnose, Störungsbehebung

Alle diese hier beschriebenen Funktionen haben *operativen* Charakter, sie sind zum
direkten Betrieb aller Systeme notwendig. Im Gegensatz dazu stehen die *logistischen*
Steuerungsfunktionen: Verfügbarkeitsprüfung, Arbeitsverteilung, Betriebsdatenerfassung und -verarbeitung etc. Diese wurden bereits im Kapitel 3.1 beschrieben.

Die Komplexität von operativen CAM-Systemen am Beispiel einer flexibel-automati-
sierten Drehmaschine zeigt Bild 3.16.

Das Gesamtsystem besteht aus folgenden Einheiten:

a) Drehmaschine mit CNC-Steuerung
b) Portalroboter mit 2 Greifersystemen (Werkstückgreifer, Rüstmittelgreifer)
c) Werkstückspeicher 1 (Fertigteile)
d) Werkstückspeicher 2 (Rohteile)
e) Rüstmittelspeicher (Werkzeuge, Spannmittel, Greifer)
f) Einricht-Terminal

Folgende Funktionen werden damit ausgeführt:

a) Bearbeitung des Werkstückes
    - Werkzeug überwachen
    - Werkstückmaßüberwachung

b) Rohteil zuführen
    - Fertigteil entnehmen
    - Spannbacken wechseln
    - Werkzeugsatz wechseln
    - Greiferbacken wechseln

c) Fertigteile speichern
    - Fertigteile ausschleusen

d) Rohteile speichern
    - Rohteile einschleusen

e) Werkzeuge magazinieren
    - Spannbacken magazinieren
    - Greiferbacken magazinieren
    - Rüstmittel ein-/ausschleusen

Die Vielfalt der eingesetzten Systeme ist bei CAM sehr groß. Bei den Bearbeitungsma-
schinen gibt es die unterschiedlichsten CNC-Steuerungssysteme. Selbst bei vollstän-
diger Einhaltung der Programmierung nach DIN 66025 gibt es soviele *Freiheitsgrade*,
daß ein NC-Programm in aller Regel nicht auf einer anderen Maschine lauffähig ist.

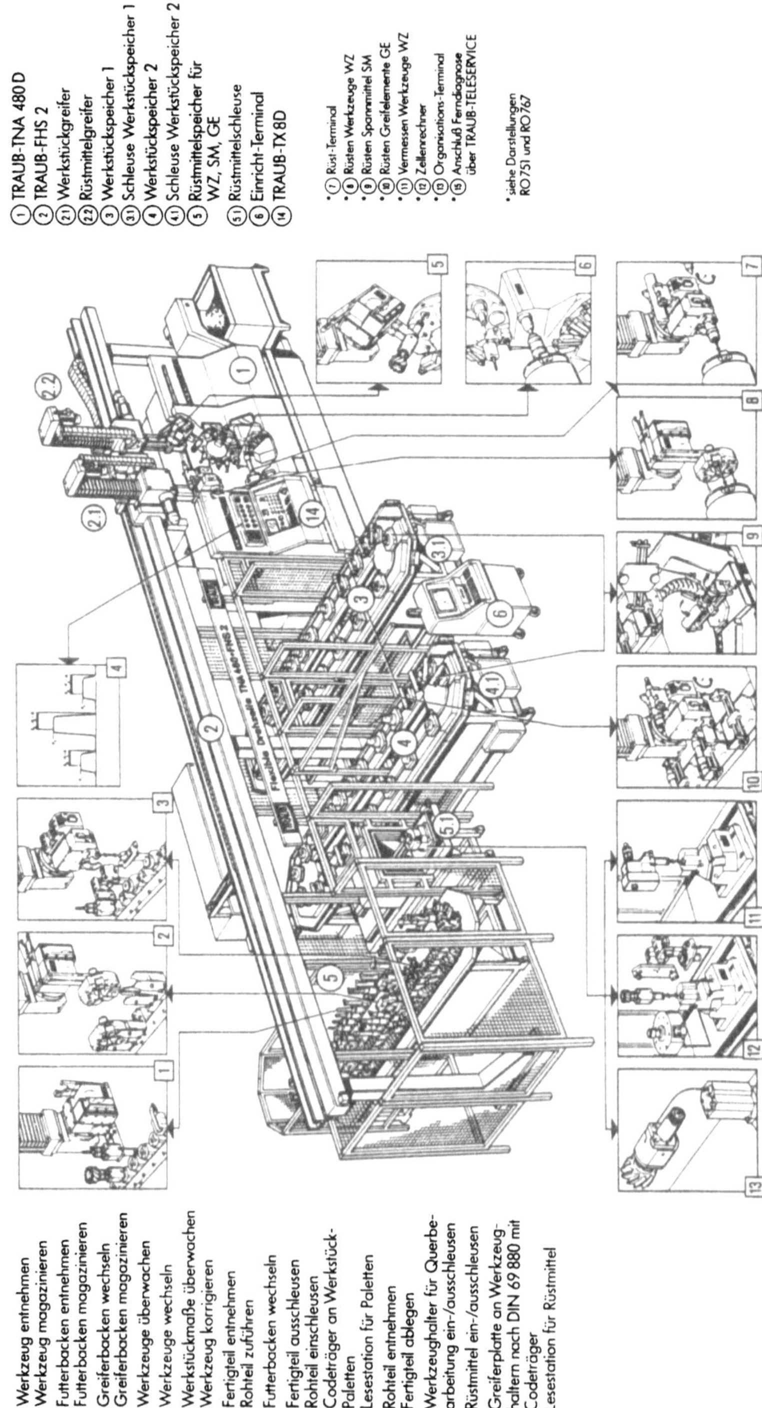

Bild 3.16: Flexible Drehzelle (Traub)

Programme für Industrieroboter sind von NC-Programmen wiederum verschieden. Es gibt eine große Vielfalt trotz der hierfür geschaffenen, genormten Spezialprogrammiersprache IRDATA (VDI 2863).

3.4.2 Arbeiten mit CAM

Im CAP-Prozeß erzeugte NC-Programme müssen in die CNC- Steuerung der Maschine übertragen werden. Den Anstoß dazu gibt das Bedienungspersonal vor Ort.

Als Übertragungsverfahren sind üblich:

- manuelle Programmübertragung (mit Lochstreifen),
- DNC-Betrieb (Direct Numerical Control).

Wird noch die Übertragung mittels *Lochstreifen* praktiziert, müssen diese speziell verwaltet und gewartet werden (zeitaufwendig, Verschließproblem). Hoher Aufwand entsteht für die Dokumentation, falls Programmänderungen an der Maschine vorgenommen werden müssen. Diese Änderungen müssen nun im Quell- oder Originalprogramm nachvollzogen werden. Erst danach kann wieder ein Lochstreifen erstellt werden.

Die direkte Übertragung der NC-Daten an CNC-Steuerungen bezeichnet man als *DNC-Betrieb* (**D**irect **N**umerical **C**ontrol). Ein DNC-Rechner ist mit dem NC-Programmiersystem und über eine oder mehrere *Datenleitungen* mit den Werkzeugmaschinen verbunden. Die Werkzeugmaschinen müssen nicht mit dem gleichen CNC-Steuerungstyp ausgerüstet sein.

Der DNC-Rechner übernimmt folgende *Funktionen:*

- NC-Programme archivieren,
- Sperren und Freigeben von NC-Programmen,
- Löschen von NC-Programmen,
- Programmübertragung an die Werkzeugmaschine.

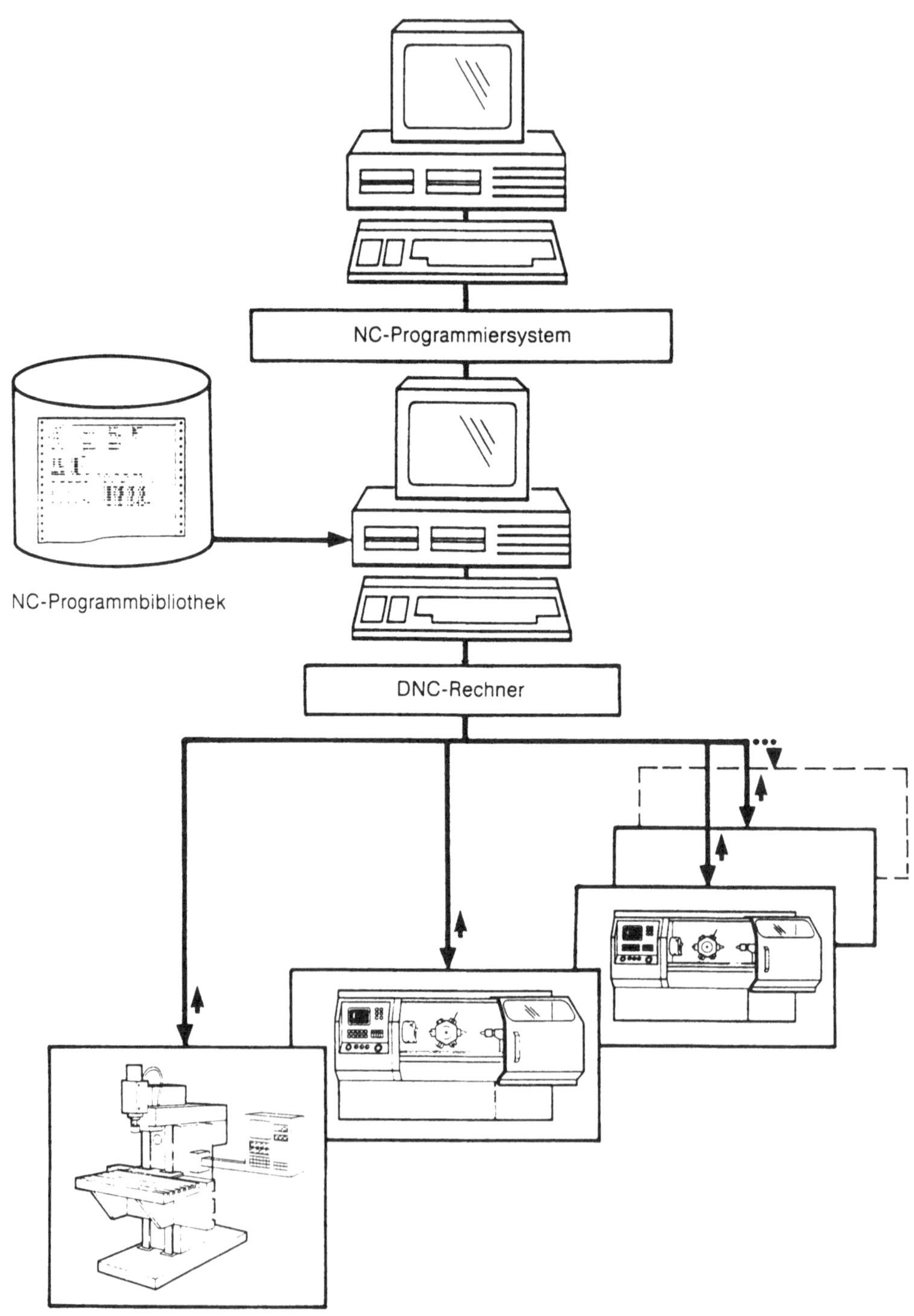

Bild 3.17: DNC-Betrieb

Einige DNC-Systeme können zusätzlich noch:

- Statistiken erstellen,
- mit dem MDE-System (Maschinen-Daten-Erfassung) gekoppelt werden,
- Werkzeuge verwalten,
- korrigierte NC-Programme rückübertragen.

3.4.3 CAM-Kopplungen

Die Erstellung von Prüfplänen erfolgt auf dem CAP- oder dem CAQ-System. Freigegebene Prüfpläne evtl. auch Meßprogramme z.B. für NC-Koordinatenmeßmaschinen werden in die CAM- Systeme übertragen. Korrekturmeldungen gehen den umgekehrten Weg.

3.5 CAQ

3.5.1 Hauptfunktionen

Die Produktqualität ist heute ein zunehmend *entscheidender Wettbewerbsfaktor*. Maßnahmen zur Qualitätssicherung durch CAQ (= Computer Aided Quality Control) durchziehen den gesamten Fertigungsbetrieb. Sie dienen der Wareneingangs- und Materialprüfung, kontrollieren den Fertigungs- und Montageprozeß und stellen nach der Endkontrolle die Produktfreigabe sicher. CAQ-Systeme besitzen folgende Hauptfunktionen:

- Qualitätsplanung,
- Qualitätssprüfung,
- Qualitätsregelung.

Bei CAQ-Systemen für die Qualitätsplanung handelt es sich um ähnliche Systeme wie bei der Arbeitsplanerstellung. Als Eingangsdaten finden insbesondere die vom CAD-System erstellten Daten (Geometrie, Qualitätsangaben, Toleranzen, Stücklisten) Verwendung. Die Prüfpläne gleichen den Arbeitsplänen.

Im Unterschied zur Arbeitsplanung werden hier Angaben zu:

- Prüfmerkmalen,
- Prüfmitteln,
- Prüfhäufigkeiten,
- Kalibrierzeiträumen,
- Sollwerten und Toleranzfeldern

gemacht. Vor der Prüfplanerstellung fallen jedoch zusätzliche Tätigkeiten an:

- Entscheidung über die Prüfnotwendigkeit,
- Ermittlung der Prüfmerkmale,
- Festlegen von Prüfart, Prüfumfang und Zeitpunkten,
- Bestimmung von Prüfmitteln.

Ausgehend von der geforderten Genauigkeit, dem zulässigen Fehlerprozentsatz und der Losgröße kann man festlegen, ob eine *Vollprüfung* notwendig ist oder ob die *Stichproben- Prüfung* genügt. Weiterhin gibt es CAQ-Unterstützungsmöglichkeiten zur Auswahl der Prüfmittel. Abgespeicherte technische Kenngrößen der Prüfmittel können dabei automatisch mit den geforderten Meßgenauigkeiten verglichen werden. Auf diese Weise können geeignete Prüfmittel selektiert werden.

In einigen Branchen, wie z.B. im Automobilbau und ihrer Zulieferindustrie werden ganz spezielle, hohe Qualitätsanforderungen gestellt. Im Rahmen einer Groß- Serienproduktion bedeutet dies, die Qualität jedes einzelnen, hergestellten Teils zu überwachen. Teile, die ihre Qualitätsmängel erst im Betrieb zeigen, sollen eine Rückverfolgung zu den Umständen, die evtl. während des Produktionsprozesses dazu führten, ermöglichen. Dies gelingt nur dann, wenn jedes hergestellte Teil codiert und numeriert ist und seine Historie lückenlos vom Hersteller gespeichert wurde. Zu dieser *Teilehistorie* gehören:

- Rohmateriallieferant,
- Liefercharge mit Datum,
- sämtliche durchlaufenen Kostenstellen und/oder Arbeitsplätze mit zugehörenden Daten,
- gemessene Prozeßdaten,
- Prüfdaten,
- Lagerdaten.

Dieser Datenverwaltungsaufwand dient der lückenlosen *Rückverfolgbarkeit* des Herstellprozesses. Erkenntnisse aus der Praxis können so rascher und zielgerichteter in die Produktion einfliessen und diese optimieren. Bei sicherheitsrelevanten Bauteilen ist es möglich, gezielte Austausch- oder Rückrufaktionen durchzuführen. Wenn man weiß, wie der Mangel zustande kam, können alle möglicherweise ebenfalls betroffenen Produkte zurückgerufen werden.

3.5.2 Arbeiten mit CAQ

Nach abgeschlossener Prüfplanung und der Erstellung des Prüfprogrammes werden Messungen durchgeführt. Die Meßtaster der Koordinatenmeßmaschine nehmen die Koordinatenwerte auf und leiten sie zu Auswertezwecken (Meßprotokoll) an die Steuerung weiter.

Es gibt CNC-Maschinen, die *Kontrollmessungen während Bearbeitungspausen* im Arbeitsraum durchführen. Die Meßtaster lassen sich anstelle eines Bearbeitungswerkzeuges in die Werkzeugaufnahme einwechseln. Man ist dann in der Lage, die Werkstücke während der Bearbeitung in ihrer Qualität zu überprüfen.

Gelegentlich verwendet man auch berührungslose Prüfverfahren anstelle von Meßtastern (z.B. Ultraschall-, Fotosensoren). Diese Überprüfung ist dann sinnvoll, wenn die Kontrolle von Teilbearbeitungsschritten notwendig ist.

Um schon im Vorfeld der Bearbeitung die Qualität möglichst hoch zu halten, bieten manche Werkzeugmaschinen verschiedene qualitätssichernde Einrichtungen (Bild 3.18):

- Einrichtungen zur *Werkzeugbruchkontrolle,*
- Module zur *Werkzeugverschleißüberwachung* (z.B. Drehmomentüberwachung des Hauptantriebes),
- *Standzeitüberwachungsmaßnahmen.*

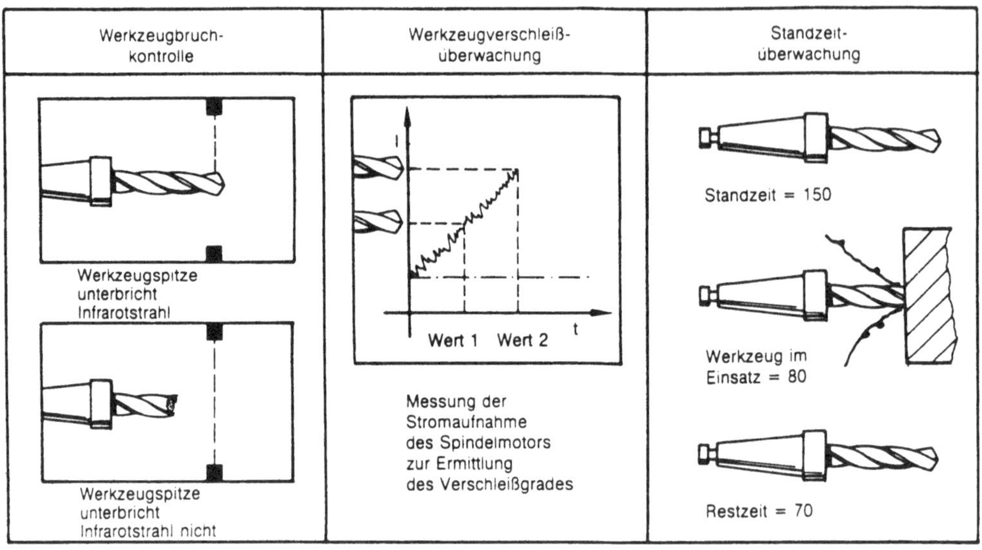

Bild 3.18: Werkzeugüberwachungsmaßnahmen

Diese Einrichtungen können folgendermaßen realisiert werden:

a) Bruchkontrolle

- Meßtaster
- Zeilenkamera
- Lichtschranke

b) Verschleißüberwachung

1. am Hauptantrieb
   - Motorstrommessung des Hauptantriebes

2. am Vorschubantrieb
   - Axialkraftsensor in Antriebsspindel
   - Lageänderungssensor (magnetisch-induktiv) am Werkzeugträger
   - Piezo-Quarz an Vorschubschlitten
   - Dehnungsmeßaufnehmer (Streifen, Platten, Dübel) am Vorschub-
     schlitten

3. Standzeitüberwachung

- Die Hauptzeiten, in denen ein bestimmtes Werkzeug im Einsatz ist, werden im Werkzeugspeicher addiert. Beim Erreichen der Verschleißgrenze wird automatisch ein *Schwesterwerkzeug* gleicher Art und Abmessungen eingewechselt oder eine Warnmeldung ausgegeben.

Die Auswertung und Aufbereitung der Meßergebnisse erfolgt nach vorgegebenen Algorithmen. In der Regel handelt es sich um *Soll-Ist-Vergleiche*. Der Bildschirm oder ein angeschlossener Drucker gibt Warnungen aus oder die Maschine stellt ab, wenn die Toleranzbereiche nicht eingehalten werden.

Schnelles Reagieren erlaubt eine sogenannte Prozeßregelung, die mit *AC = Adaptive Control* bezeichnet wird. Hier sind die Systeme zur Auswertung der Meßgrößen und der eigentliche Bearbeitungsprozeß als Regelkreis miteinander verbunden. Innerhalb des Regelkreises werden gemessene Ist-Werte mit den Vorgaben verglichen. Die Überschreitung der Grenzwerte kann das Abschalten der Maschine auslösen ("Abschaltstrategie"). Mit Korrekturstrategie bezeichnet man dagegen ein Verfahren, bei dem Korrekturwerte errechnet werden, um die Geschwindigkeit und die Werkzeugbahn dem stattfindenden Verschleiß anzupassen (Werkzeugverschleißkompensation) (Bild 3.19).

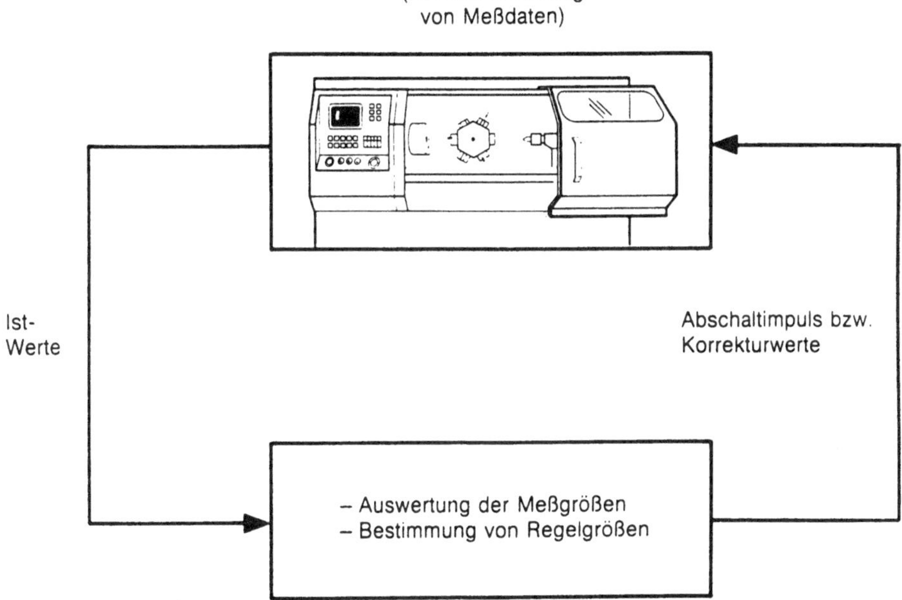

Bild 3.19: Adaptive Control (AC)

3.6   CIM-Baukasten, Anwendungen

Die *interne Struktur eines CIM-Baukastens* zeigt Bild 3.20. Alle häufig vorkommenden Ausprägungen von PPS-, CAD-, CAP-, CAM- und CAQ-Systemen werden als *Bausteine* aufgeführt. Anhand dieser Darstellung läßt sich ermitteln, was an CIM- Bausteinen betriebsintern bereits realisiert ist. Man kann umgekehrt auch entnehmen, welche Hauptmodule marktgängiger Systeme noch nicht vorhanden sind. Spezialitäten, die bei CIM-Anwendungen immer vorkommen, sind in dieser allgemeingültigen Darstellung nicht aufgeführt. Dieses Hilfsmittel ist betriebsspezifisch anzupassen und dient dann SOLL-IST-Vergleichen.

Die weiteren Darstellungen zeigen die Kommunikationsinhalte zwischen *CIM-Funktionen in zusammengefaßter Form* (Bild 3.21). Um die Einbindung in das Unternehmen transparenter zu machen, wurden als weitere Funktionsbereiche:

- Rechnungswesen,
- Unternehmensleitung,
- Einkauf,
- Verkauf,
- Instandhaltung,
- Lager

aufgenommen.

In einer weiteren Tabelle wird der jeweilige *Stammdatenzugriff* (Bild 3.22) dargestellt. Man erkennt, welche Funktionen welche Stammdaten benötigen, wer die Stammdaten erzeugt und wer sie verwendet.

Man muß dabei berücksichtigen, daß es sich um eine Modell- Struktur handelt. Die einzeln aufgeführten Bereiche werden je nach Firma weiter unterteilt und sind dann auch mehrfach miteinander verkettet.

CAD läßt sich unterteilen in:

- BM-CAD,
- Produkt-CAD,
- ET-CAD.

CAM läßt sich unterteilen in:

- CAM-Vorfertigung,
- CAM-Blech,
- CAM-Rotationsteile etc.

Aus Gründen der Übersichtlichkeit wurde hier auf diese Differenzierung verzichtet, um den Blick auf das Wesentliche nicht zu verstellen.

PPS: VK-Prognose | Produktions-programmplanung | Brutto-bedarfsplanung | Netto-bedarfsermittlung | Beschaf-fungsrechnung | Durchlauf-terminierung | Kapazitäts-terminierung | Fertigungssteuerung | Betriebs-datenerfassung | EK-modul | VK-modul | Lager-modul | Durch-laufzeit-analyse | Sta-tistik | Fort-schritt-zahlen | BOA-Freigabe

CAD: 2D | 3D Flächen/Kanten | 3D Volumen | CAD-Elektrotechnik | CAD-Elektronik | Zeichnungs-verwaltung mit SML | Zeichnungs-makros | FEM-Modul | CAE-Modul | Normteil-katalog | Standard-teilkatalog | NC-Modul | BM-Entwickl.-Modul

CAP: Neu-planung | Aehnlich-keitsplanung | Variablen-planung | problemorient. NC-Programmierung | maschinen-orientierte NC-Program. | Entscheid-ungstabellen | Zeit-ermittlung | IR-Programmierung | Text-system | Rohteil-verwaltung

CAM: Leit-system | DNC-System | CNC-System | MDE-System | SPS-System | IRC-System | Transport-steuerung | Lager-steuerung | WKZ-Verwaltung | Spannmittel-Verwaltung | Vorrichtungs-verwaltung

CAQ: Qualitäts-planung | Qualitäts-regelung | Qualitäts-prüfung | Historie-daten-verwalt. | Adaptive-Control | Werkzeug-bruchüberwachung | CNC-Mess-maschine | CAD-Prüf-planung | Statistik/Dokumentation | Prüf-mittel-verwaltung

Bild 3.20: CIM - Baukasten, Anwendungen

nach von	Geschäfts- leitung	Rechnungs- wesen	Einkauf (+Wareneing.)	Vertrieb (+Versand)	PPS (+Leitstand, BDE)	CAD (+CAE)	CAP (+NC-Progr.)	CAM	CAQ	Instand- haltung	Lager
Geschäfts- leitung		Budget	Vertriebsziel	Vertriebsziel	Vertriebsziel	Entwicklungs- aufträge	Investitions- plan	Investitions- plan	Qualitäts- ziele	Investitions- plan	Investitions- plan
Rechnungs- wesen	Kostenbericht Kennzahlen Statistiken		Bestellsperre	Nach- kalkulation	Verrechnungs- sätze	Nach- kalkulation	Nach- kalkulation	Verrechnungs- sätze	Nach- kalkulation	Verrechnungs- sätze	Verrechnungs- sätze
Einkauf (+Wareneing.)	EK-Statistik	Rechnungen Mahnungen			Wareneingang Lieferverzug f. Waren		Wareneingang Lieferverzug f. BM			Wareneingang Lieferverzug f. Ersatzteile	Wareneingang
Vertrieb (+Versand)	Absatzplan VK-Statistik	Konditionen Faktura			Absatzplan Aufträge	Entwicklungs- Aenderungs- aufträge	Reklama- tionen	Reklama- tionen	Reklama- tionen	Reklama- tionen	Versandauftr. Lieferfreigabe
PPS (+Leitstand, BDE)	Kapazitäts-, Personal- bedarf	Kosten-, Lohn- daten	Bestell- vorschlag Termine	Lieferfrist Fortschritt Fertigmeld.		Stamm- stücklisten	Belastung Losgrösse	Aufträge Prioritäten	Losgrösse	Belastung Wartungs- termine	Reservierung Komm.-Auftr.
CAD (+CAE)	Entwicklungs- fortschritt	Vorkalkulat.	Muster- bestellung	Vorkalkulat. Entwicklungs- fortschritt	Stückliste		Produktdaten BM-Daten	Produktdaten	Produktdaten	BM-Daten	
CAP (+NC-Progr.)	Entwicklungs- fortschritt	Kalkulations- daten	BM-Bestellung		Arbeitsplan Vorgabezeit	Konstruktions- änderungen		Arbeitsplan NC-Programm	Arbeitsplan		Lagerplatz- anforderung
CAM	Produktivitäts- statistik	Lohndaten Verbrauchs- daten		Produktions- fortschritt	Produktions- fortschritt Betriebsdaten	Konstruktions- änderungen	Arbeitsplan- änderungen		Produktions-, Ausschuss- Mengen	BM-Ausfall, Störungen	Material- anforderung
CAQ	Qualitäts- statistik	Qualitäts- kosten	Prüfergebnis Wareneingang	Arbeitsplan- änderungen	Ausschuss- mengen	Konstruktions- änderungen	Arbeitsplan- änderungen	Arbeitsplan- änderungen Kontrollauftr.		Qualitätsstat. Wartungs- auftrag	Lagervor- schriften
Instand- haltung	Reparatur-, Ausfall- statistik	Instandh.-, Reparatur- Kosten	Ersatzteil- bestellung		BM-Sperre		BM-Sperre Ausfall- statistik	BM-Sperre Ausfall- statistik	Ausfall- statistik		
Lager	Bestand Inv.-Differenz	Bestand Inv.-Differenz	Bestand	Bestand	Bestand Lagerbeweg. Inv.-Differenz			Bestand		Ersatzteil- Bestand	

Bild 3.21: Informationsflussmatrix (von-nach) für einen Maschinenbaubetrieb

Stammdaten	Geschäfts-leitung	Rechnungs-wesen	Einkauf (+Wareneing.)	Vertrieb (+Versand)	PPS (+Leitstand, BDE)	CAD (+CAE)	CAP (+NC-Progr.)	CAM	CAQ	Instand-haltung	Lager
Kreditoren	X	Q	Q		X						
Debitoren	X	Q		Q	X						
Kundenauftr.		X		Q	X	X			X		
Fertigungsa.					Q		X	X	X		
Kalkulationsw.	X	Q		X	X	X	Q				
Teile			X	X	Q	X	X	X	X		X
Zeichnungen			X			Q	X	X	X		
Stücklisten					X	Q	X	X	X		X
Arbeitspläne					X		Q	X	X		
Normen						Q	X		X		X
Zukaufteile			X		Q	X					X
Werkstoffe						Q	X	X	X		
Betriebsmittel					X		Q	X	X	X	
Werkzeuge						X	Q	X	X	X	X
Lagerplätze					X		X	X			Q
Prüfpläne							X	X	Q		
NC-Programm						X	Q	X	X		
SPS-Progr										Q	
Instandhaltung					X		X			Q	
Projekte	Q	X								X	

Q = Stammdatenerzeugung (Quelle)
X = Stammdatenverwendung (Senke)

Bild 3.22: Stammdatenzugriffe

4 Durchführung von CIM-Projekten

Wie man dem vorangegangenen Kapitel entnehmen konnte, gibt es mindestens *ebensoviel verschiedene Firmen und Betriebstypen wie CIM's*. Das bedeutet nun nicht, daß für jede denkbare Anwendung CIM komplett neu erfunden werden muß. Es kommt aber auf die Zusammensetzung und die richtige Ausprägung der verschiedenen Module an.

Um herauszufinden, wie und wo man mit CIM beginnt, sollte man die eigenen Potentiale studieren. Es ist erst in zweiter Linie notwendig, die CIM-Lösungen anderer Firmen kennenzulernen, primär wichtig ist es, sich selbst besser verstehen zu lernen. Es ist eine bekannte Tatsache, daß hier bereits große Lücken bestehen. Im Einzelnen wird ein der sogenannten Feasibility-Studie angepaßtes Vorgehen vorteilhaft sein (2). Ausgehend von einer Betriebsanalyse (strukturell, technisch, personell) kann dann eine CIM- Globalplanung erstellt werden.

Besonders CIM-Projekte benötigen einen *verstärkten Einsatz von Methoden und Werkzeugen*. Dies verkürzt die Entwicklungszeiten, erhöht aber evtl. die Entwicklungskosten. Durch den erzielbaren Zeitgewinn bis zur Realisierung und der daraus resultierenden früheren Wirksamkeit rentiert sich dieser Aufwand immer!

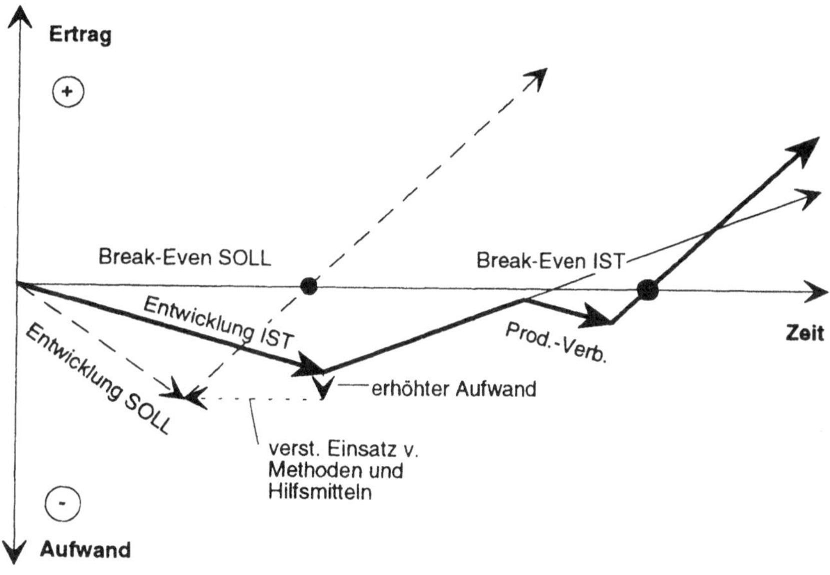

Bild 4.1: Aufwand-Ertrags-Verlauf bei CIM-Projekten

Die Haltung, daß die Planung und Gestaltung von CIM- Systemen zunehmend als *un-ternehmensstrategisch wichtige Aufgabe* angesehen werden muß, wird immer noch zu wenig beachtet. Zu vieles wird allein den Spezialisten überlassen. Die daraus entstehenden eingeschränkten Problemlösungen verdeutlichen folgende Beispiele (12):

Firma A:

Um Kundenwünschen genauer, schneller und individueller entsprechen zu können, und um damit gegenüber den Konkurrenten einen Wettbewerbsvorteil zu erreichen, soll in einem Unternehmen die *Durchlaufzeit bei der Angebotserstellung verkürzt* werden. Da das Unternehmen jedoch bereits an der Kapazitätsgrenze arbeitet, verbessern sich weder Wirtschaftlichkeit noch Auslastung. Der Einsatz von Informations- und Kommunikationstechnik zur Realisierung eines Just-In-Time-Systems dagegen könnte die Kostensituation und damit die Gewinnspanne nachhaltig verbessern.

Firma B:

In einem anderen Unternehmen stellt man fest, daß interne Mitteilungen mit der Hauspost zwei Tage Übermittlungszeit benötigen. Durch diese lange Übermittlungszeit können Störungen im Produktionsablauf nicht rechtzeitig behoben werden und die Produktivität des Gesamtunternehmens wird beeinträchtigt. Die Schlußfolgerung, daß generell ein schnelleres Übermittlungssystem notwendig sei, hinterfragt nicht die wirklichen Ursachen des Problems. Die meisten Übermittlungen sind in der Regel sehr wenig zeitkritisch. Allerdings trifft das Unternehmen keine genügende Vorsorge, sehr eilige Nachrichten von den anderen Nachrichten zu trennen und sehr schnell zu übermitteln. Die eigentliche Ursache liegt somit eher in der organisatorischen Gestaltung als in der technischen Entwicklung.

Firma C:

Ein mittelständisches Unternehmen befindet sich auf dem Weg in eine dynamische, reaktive Wettbewerbsumwelt, in welche sie vor allem durch den massiven *Qualitätswettbewerb* mit deutschen, italienischen und vor allem japanischen Anbietern gedrängt wird. Dementsprechend hoch ist der *Innovationswettbewerb*. In Bezug auf die Unternehmens- und Geschäftsfeldstrategie kristallisieren sich dabei drei Schwerpunkte heraus: Differenzierung, Konsolidierung, Produktivität. Aufgrund dieser Sichtweise wird ein Auftrag an die Planungsabteilung erteilt, diese Schwerpunkte durch die Planung der zukünftigen informationstechnischen Infrastruktur zu unterstützen. Auszug aus dem Projektauftrag: Sie dürfen vollkommen auf der grünen Wiese planen, Hauptsache die technische Lösung ist mit unseren bestehenden IBM-Rechnern kompatibel und wir können unsere gekauften und in 300-Mannjahren Entwicklungsaufwand erstellten Programmpakete weiterverwenden. Diese Einschränkung zur Maxime erhoben kann den Gesamterfolg gleich zu Beginn in Frage stellen.

4.1 Organisation von CIM-Projekten

4.1.1 Projektleiter

Seit 20 Jahren kennt man im deutschsprachigen Raum verschiedene Formen der Projektorganisation in Unternehmen. *Die Anwendung in der Praxis läßt jedoch noch heute vielfach zu wünschen übrig.* Wohl ernennt man einen Projektleiter, von weiteren projektorganisatorischen Regelungen findet sich jedoch keine Spur (3).

Neben einem Projektleiter braucht es in der Regel auch die Ernennung von Projektbeauftragten oder Projektmitarbeitern. *Niemand kann CIM im Alleingang einführen.*

Profil Projektleiter

Aufgaben:

- Erstellung eines Projektstrukturplanes,
- Erstellung von Tätigkeitslisten, Meilensteinnetzplan etc.,
- Planung, Steuerung und Überwachung aller Aktivitäten des Projektes bezüglich Termin, Kapazität, Kosten, Art und Inhalt,
- rechtzeitiges Einleiten von Maßnahmen bei Soll-Ist- Abweichungen,
- Benennung von Projektbeauftragten aus den am Projekt beteiligten Fachbereichen und Bildung des Projektteams in Absprache mit Fachvorgesetzten ,
- Vertretung der Projektteams als Sprecher,
- Einberufung und Leitung von Projektbesprechungen, Erstellung von Besprechungsprotokollen,
- Führung einer Projektmappe, in der alle Vorgänge und Ergebnisse des Projektes dokumentiert werden,
- regelmäßige Berichterstattung an den Entscheidungsträger,

- Federführung bei der Erstellung des Pflichtenheftes,
- Planung und Durchführung von Präsentationen am Ende jeder Projektphase,
- Führung und Motivation des Projektteams.

Kompetenzen:

- Fachliche Entscheidungs- und Weisungsbefugnis auf Zeit im Rahmen des Projektauftrages,
- Recht auf unmittelbare Information aus den betroffenen Fachbereichen.

Verantwortung:

- für den Projekterfolg gegenüber dem Entscheidungsträger (Projektergebnisse in Bezug auf Kosten und Termin),
  für den Informationsfluß unter allen am Projekt Beteiligten,
- für den Inhalt der im Rahmen des Projektes angefertigten schriftlichen Unterlagen (Projektmappe),
- für rechtzeitige Einleitung und Genehmigung der einzelnen Projektphasen.

Qualifikation:

- Ausgezeichnete Beherrschung der Kommunikation in Wort und Schrift,
- Fähigkeit, Seminare und Besprechungen zu leiten,
- Fähigkeit, Neuerungen zu "verkaufen",
- Motivationsfähigkeit,
- gute Allgemeinbildung und intellektuelle Fähigkeiten,
- Erfahrung in der Führung,
- Fähigkeit zu strukturieren und zusammenzufassen,
- Beherrschung verschiedener Arbeitstechniken für Dokumentation und Projektsteuerung,
- Urteilsfähigkeit,
- Entscheidungsfreudigkeit,
- Loyalität,
- psychische und physische Belastbarkeit,
- Abkömmlichkeit für die Projektdauer,
- Bereitschaft, die Projektleitung freiwillig zu übernehmen.

Profil Projektbeauftragter

Aufgaben:

- Vertretung der Belange seines Fachbereichs im Projekt (im Auftrag und in Abstimmung mit seinem Fachvorgesetzten),
- Betreuung und Leitung von Projektgruppen in seinem Fachbereich,
- Information des Projektleiters über Fertigstellung von Teilaufgaben und Soll-Ist-Abweichungen,
- Ständige Information seines Fachvorgesetzten und der Projektgruppe.

Kompetenzen:

- Einberufung von Teilprojektbesprechungen nach Absprache mit dem Projektleiter.

Verantwortung:

- für den Informationsfluß innerhalb des Fachbereiches in Bezug auf das Projekt,
- für den Inhalt und die Dokumentation von Ergebnissen aus Teilaufgaben.

Die Qualifikation des Projektbeauftragten folgt den gleichen Kriterien wie die des Projektleiters. Die Anforderungen müssen jedoch nicht mit gleicher Perfektion erfüllt werden.

Nach dem Anlaufen eines Projektes werden erst die Gesamtstrukturen sichtbar. Dementsprechend kann die Zusammensetzung des gesamten Projektteams häufig nicht vor dem eigentlichen Projektstart verbindlich bestimmt werden. Aus diesem Grund ist der Austausch oder das Hinzuziehen von Projektbeauftragten und -mitarbeitern nötig. Unbedingt zu vermeiden ist das Auswechseln des Projektleiters während der Laufzeit eines Projektes.

4.1.2 Projektplanung

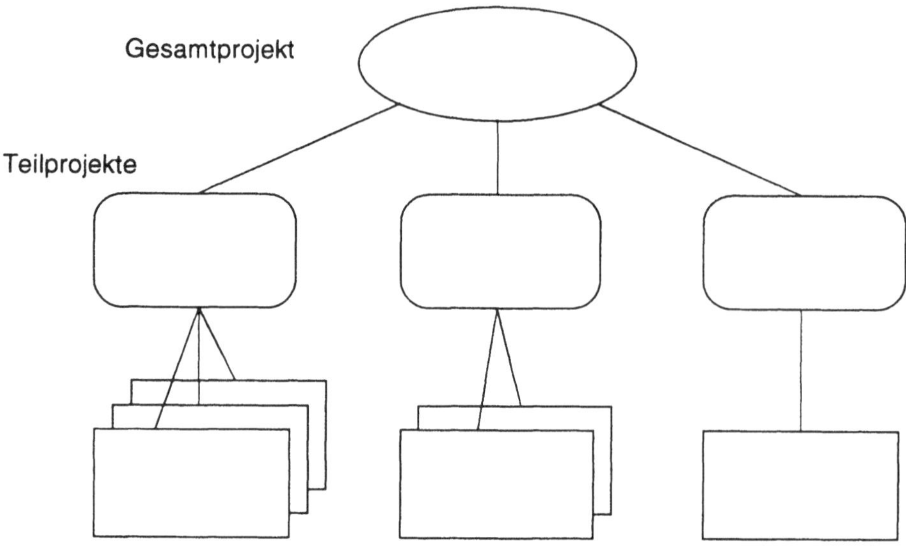

Bild 4.2: Projektstrukturplan

Der Projektleiter entwirft zusammen mit den Auftraggebern und evtl. unterstützt durch
Arbeitsgruppen einen *Projektstrukturplan*. (Bild 4.2). Je nach momentanem Erkennt-
nisstand wird das Projekt gegliedert und in überschaubare Abschnitte aufgeteilt, die
von einzelnen Projektbeauftragten oder Arbeitsgruppen bearbeitet werden können (3).

Nun muß eine zeitliche Reihenfolge, die *Ablaufstruktur* des Projektes, entworfen
werden. Unter Klärung von Prioritäten und gegenseitigen Abhängigkeiten wird der Projektablauf festgelegt. Hilfsmittel dazu ist die Netzplantechnik. Einzelne Vorgänge sowie
Meilensteine können aus dem Projekt Strukturplan in eine zeitliche Abhängigkeit übernommen werden (Bild 4.3). Eine alternative Methode ist die Festlegung der einzelnen
Arbeitsschritte mit sogenannten Flußdiagrammen (Bild 4.4).

4.1.3 Projektsteuerung

Die Überwachung und Steuerung eines Projektes kann recht einfach organisiert werden. Periodisch werden *Ist-* und *Sollwerte* den *Terminen, Kapazitäten* und *Kosten* gegenübergestellt. Folgender grundsätzlicher Ablauf kommt bei der Projektüberwachung zum Tragen:

Kapazitätsüberwachung

Für die Steuerung und Überwachung von Projekten ist es wichtig, daß je Kapazitätseinheit:

- Grundlasten,
- Einsatzraten und
- zeitliche begrenzte Änderungen

verwaltet werden. Die Auslastung der Ressourcen durch die Projektarbeiten stellt ein Belastungsdiagramm anschaulich dar. Die Belastungen werden wochengenau als Säule dargestellt (Bild 4.5).

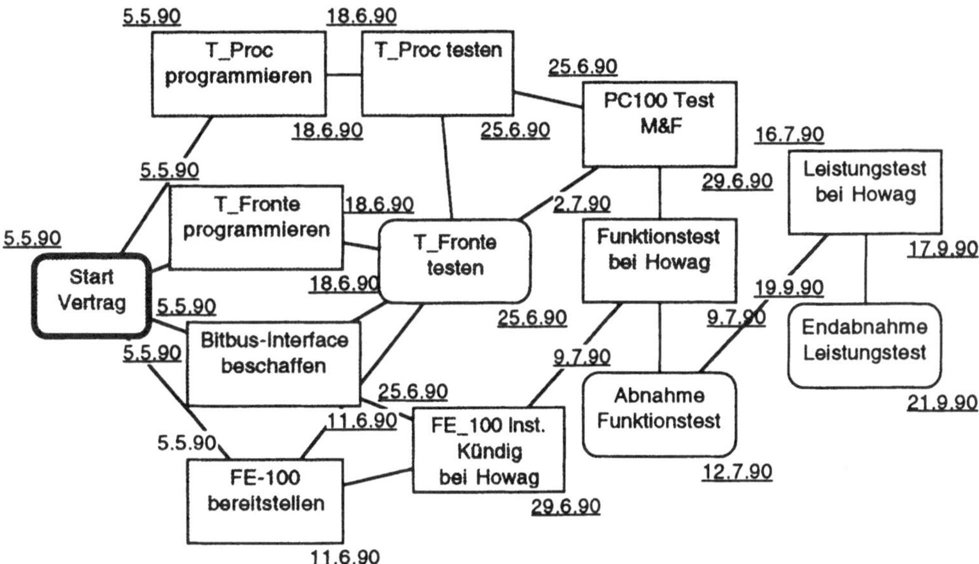

Bild 4.3: Projekt-Netzplan

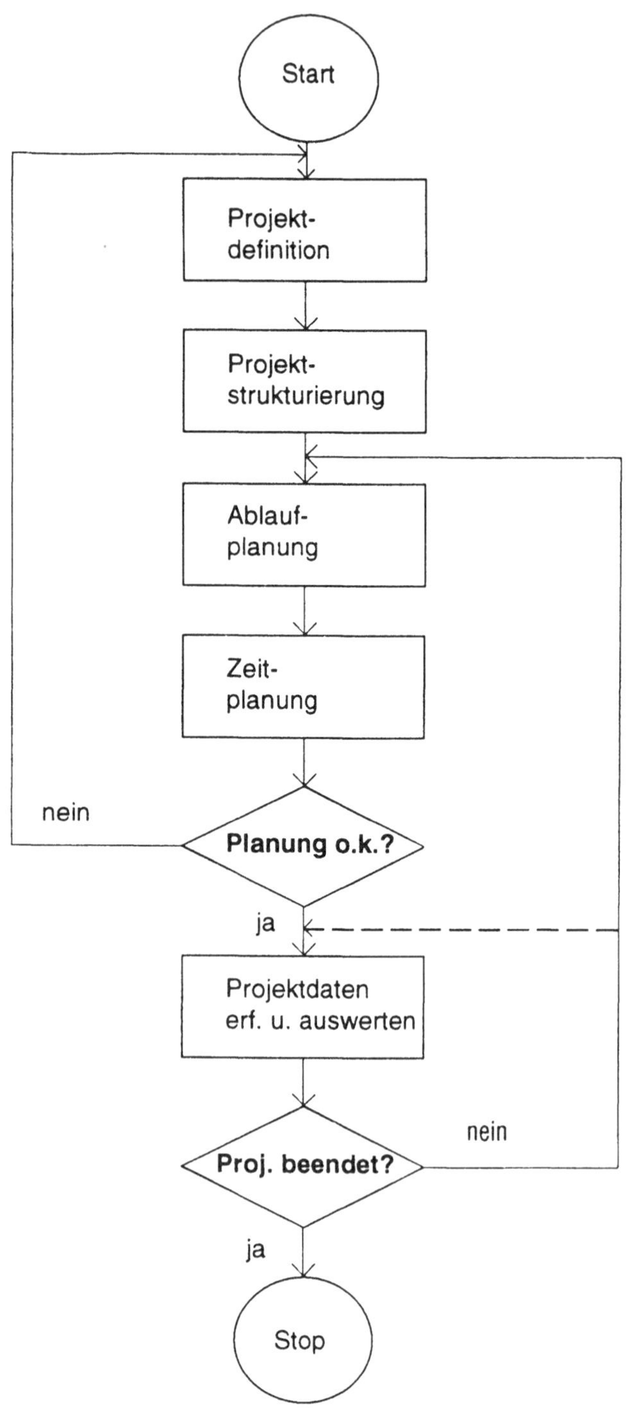

Bild 4.4: Flußdiagramm für die Projektüberwachung (3)

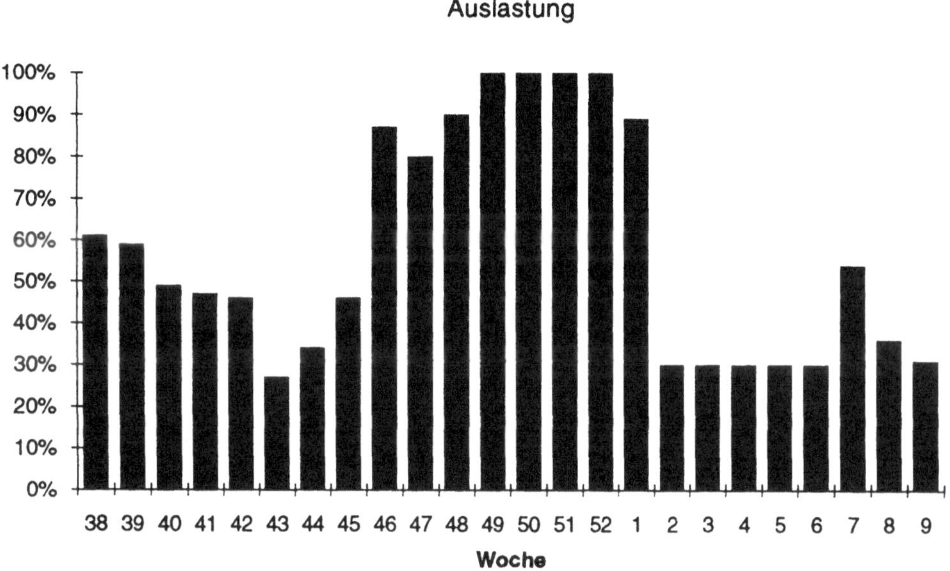

Bild 4.5: Belastungsdiagramm (3)

Terminüberwachung

Zur Überwachung der Termineinhaltung eignen sich besonders die aus dem Projekt Netzplan abgeleiteten *Balkenpläne oder GANTT-Diagramme* (Bild 4.6).

Folgende Daten werden verwaltet:

- Vorgangsnummer,
- Vorgangsbezeichnung,
- Vorgangsdauer,
- frühester Anfangstermin,
- spätester Endtermin.

In diese Liste können die rückgemeldeten Daten mit aufgenommen werden. Man kann auf diese Weise jederzeit einen Soll-Ist-Vergleich anstellen.

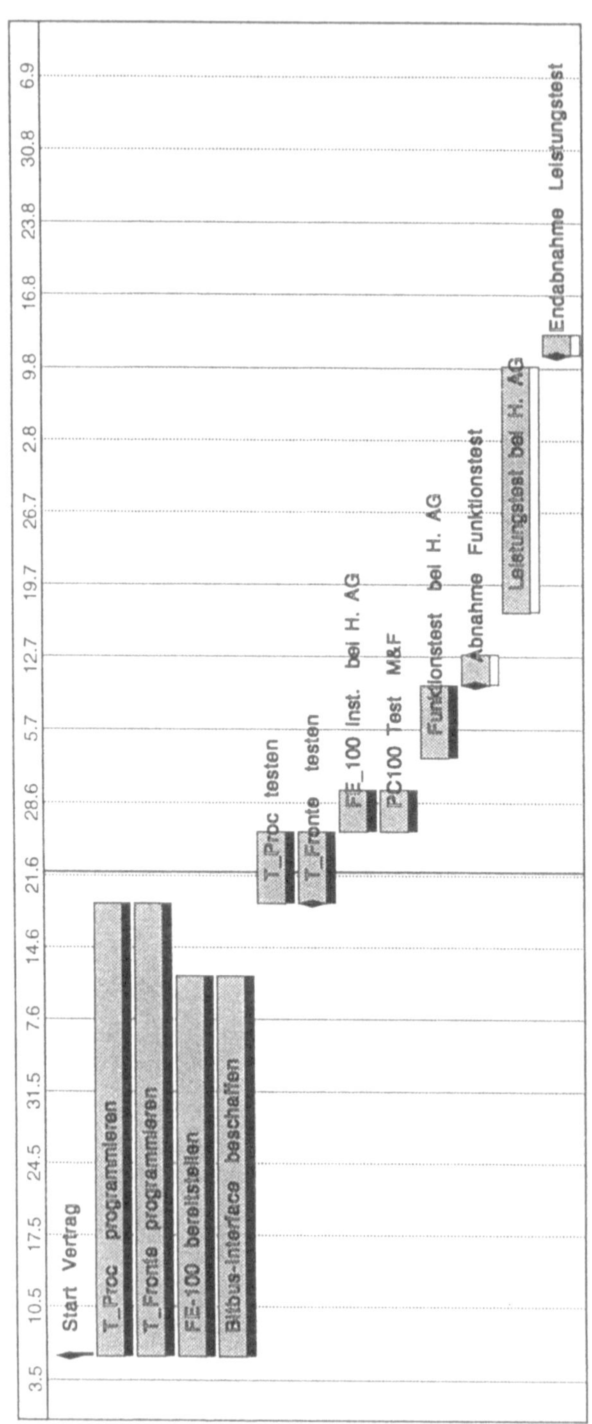

Bild 4.6: GANTT-Diagramm (mit Mac Project II erstellt)

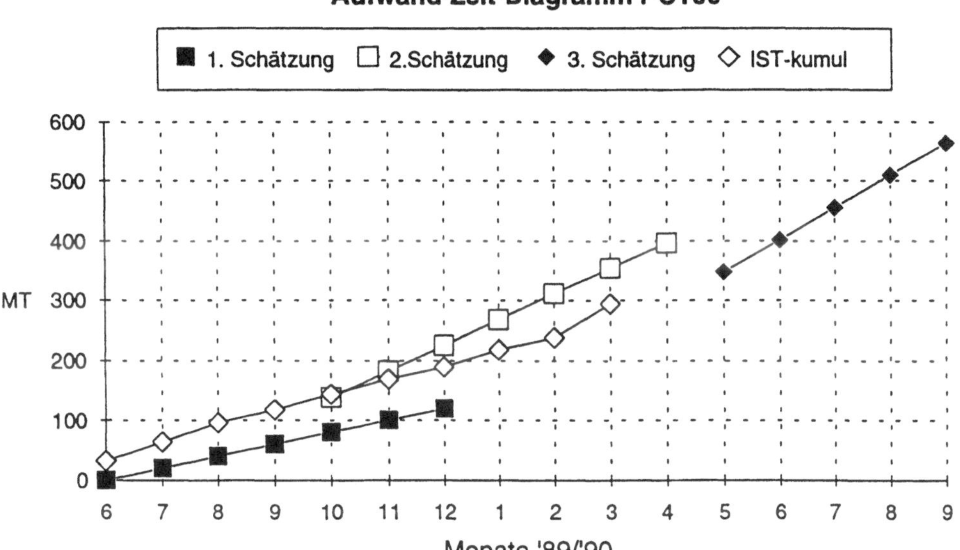

Bild 4.7: Aufwand-Zeitdiagramm

Kostenüberwachung

Die Kostenüberwachung erfordert eine *systematische Kostenerfassung*. In der Regel ist es ausreichend, die Kosten teilprojektweise zu überwachen. Die vorgangsgenaue Kostenerfassung ist häufig zu aufwendig.

Der Soll-Ist-Vergleich läßt sich am einfachsten mit einem Histogramm oder einer Summenkurve als Aufwand-Zeit-Diagramm darstellen (Bild 4.7).

Bei Abweichungen von der geplanten Soll-Kurve sieht man sofort die Tendenz, ob das Projektziel kosten- oder zeitmäßig in Gefahr ist.

4.2   Vorgehensmethodik

4.2.1 Hilfsmittel

Für die eigentliche Projektbearbeitung gibt es eine *nahezu unübersehbare Vielfalt von Methoden und Werkzeugen*. Eine Methode hat den Charakter einer Handlungsanleitung - ein Werkzeug dient der Erhebung, Erfassung, Speicherung und Umformung von Daten. Zu den Methoden gehören Kreativitätstechniken sowie diverse Berechnungs- und Testverfahren. Die Anwendung dieser Methoden hängt vom Kenntnisstand des entsprechenden Bearbeiters ab. In bestimmten Fällen ist es sinnvoll, entsprechende Schulungen für Mitarbeiter zu veranlassen oder externe Experten zur Problemlösung hinzuzuziehen.

Projektmanagementsysteme

Es gibt eine große Vielfalt auf dem Markt. Projektmanagementsysteme (PMS) sind verfügbar für alle Arten von EDV-Systemen. Große Verbreitung haben Projektmanagementsysteme für MS-DOS kompatible PC-Systeme gefunden. Die meisten marktgängigen Systeme benutzen für den Projektablauf mehrere Darstellungsformen:

- Netzplan,
- Balkenplan (Gantt-Diagramm),
- Auslastungsdiagramm.

Ein einfaches Beispiel der Darstellungsmöglichkeiten sehen Sie in Bild 4.3 und 4.6. Darüberhinaus ist die Erstellung verschiedenster Tabellen und Reports zur Fortschritts- und Kostenüberwachung vorgesehen. Unter der Voraussetzung der Installation eines Softwarepakets auf einer im Betrieb bereits vorhandenen Hardwareplattform können die Beschaffungskosten bei vielen Systemen praktisch vernachlässigt werden. Nicht vernachlässigt werden kann jedoch der Aufwand, bis der entsprechende Mitarbeiter mit dem System umgehen kann. Um diese Zeit möglichst kurz zu halten, sind Systeme mit Pulldown-Menus, grafischer Bedienerführung und Fenstertechnik zu bevorzugen.

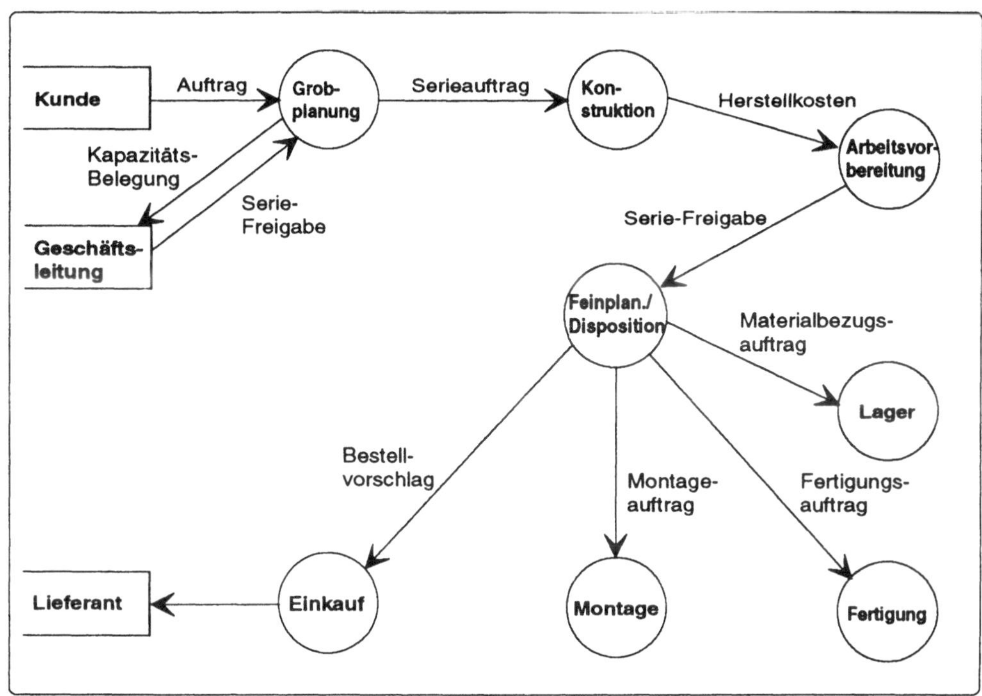

Bild 4.8: Auftragsdurchlauf mit CASE-Tool dargestellt (IPA/FHG)

CASE-Tools

Es gibt heute ein breites Spektrum von CASE-Werkzeugen (CASE = Computer Aided Software Engineering). Unter CASE versteht man die *Erarbeitung von Software mittels Software*. CASE-Tools werden in der Praxis häufig für organisatorische Aufgabenstellungen "zweckentfremdet". Sollen etwa die Auftragsabwicklungsprozesse eines Unternehmens beschrieben werden, so bieten CASE-Tools, die auf datenflußorientierten Entwicklungstechniken (Diagrammen) aufbauen, gute Unterstützungsmöglichkeiten. Mit Hilfe von Werkzeugen, die auf Darstellungstechniken aufbauen, können die Prozesse rechnerunterstützt grafisch dargestellt und verwaltet werden. Neben der Zeichnungsunterstützung können auch weitere Funktionen wie Vergröberung/Verfeinerung der Abläufe, die Nutzung wiederkehrender Prozesse als Baustein sowie eine Konsistenzprüfung benutzt werden (Bild 4.8).

Im Bereich der CASE-Werkzeuge ist ein eindeutiger Trend vom "lower"- Case, worunter systemnahe Werkzeuge wie Compiler, Linker, Loader und Debugger verstanden werden, zu "upper"- CASE, das sind Werkzeuge zur Unterstützung der Analyse, der Spezifikation und des Systementwurfs, deutlich sichtbar (12). In diesem Sinne wandelt sich das "S" im Begriff CASE mehr und mehr von "Software" zu "System". CASE-Tools stossen damit in die Domäne der organisatorischen Analyse und Gestaltungswerkzeuge vor.

4.2.2 Arbeitsweise

Projektarbeitsgruppen

Der Projektleiter bildet in Abstimmung mit den Fachvorgesetzten Arbeitsgruppen. Diese Arbeitsgruppen sind *Problemlösungsgruppen,* deren Mitglieder nur fallweise projektspezifisch arbeiten. Sie sind primär in ihr Tagesgeschäft eingebunden. Wichtig ist die Zusammensetzung der Arbeitsgruppen, was zu ganzheitlicher Problembetrachtung führen soll (Bild 4.9).

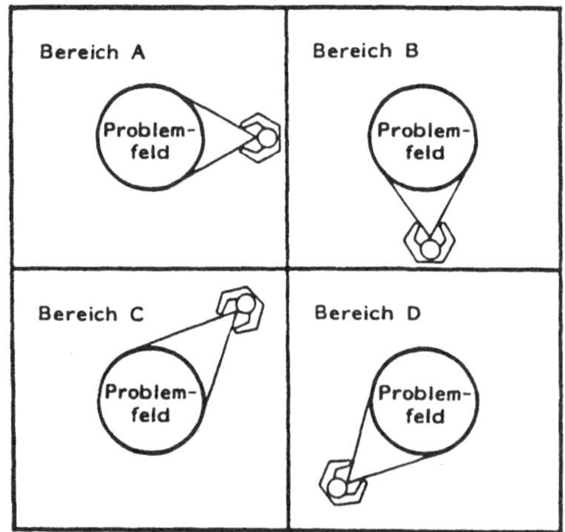

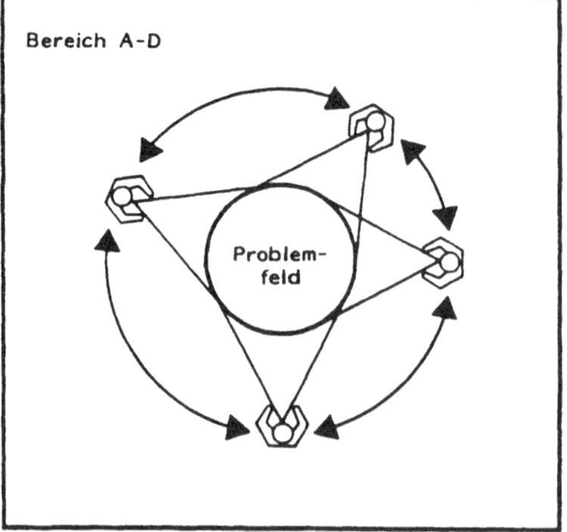

Bild 4.9: Formen der Problembetrachtung (3)

Methoden und Werkzeugeinsatz

Weitverbreitet ist die *"Ex- und Hopp-Mentalität".* Methoden und Werkzeuge werden üblicherweise zunächst in einem Projekt eingesetzt. In der Regel findet leider kein systematischer Erfahrungstransfer in die tägliche Organisationsarbeit statt. Häufig führt dies dazu, daß im nächsten Projekt wieder traditionell, d.h. mit Papier, Bleistift und viel persönlichem Einsatz das Projekt angegangen wird oder sich andere Mitarbeiter erneut an eine Methoden-, Werkzeugauswahl und Implementierung machen.

Es muß gefordert werden, daß auch für den Methoden- und Werkzeugeinsatz ein Projektmanagement durchgeführt wird. Das Lernen und die organisatorische Einführung der Methoden und Werkzeuge muß systematisch unterstützt werden. Kleine und mittlere Unternehmen schrecken vor diesem Einsatz zurück, da die Aufwendungen für die Ausbildung und das erforderliche Training hoch sind (12).

Projektdokumentation

Um Projekte in allen Arbeitsschritten und in speziellen Fragestellungen nachvollziehen zu können, bedarf es einer spezifischen Projektdokumentation:

a) Projektplanung

- Projektaufbauorganisation

    . Lenkungausschuß
    . Projektleitung
    . Arbeitsgruppen

- Projektstrukturplan

    . Hauptprojekte
    . Unterprojekte
    . Arbeitspakete
    . Aktivitäten
    . Controllingberichte, Kennzahlen

b) Projektdurchführung

-   Entsprechend des vorgesehenen Ablaufes sind alle Arbeitsschritte zu doku-
    mentieren und hier abzulegen. Ein *schematisierendes Titelblatt* erleichtert es,
    abgelegte Informationen wiederzufinden. Die Titelblätter ergeben für sich
    zusammengefaßt eine Kurzdarstellung des Projektes (Bild 4.10).

Muster AG

Projektberichtsdeckblatt

Projekt: [   ]   Datum: [   ]

Arbeitsschritt: [   ]   Bearb.: [   ]

Teilnehmer: [   ]   Verteiler: [   ]

Titel der
Unterlage: [   ]

	Prospekt/ Angebot	Dossier	Protokoll	Akten- notiz	Anfrage	Ergebnis	Zwischen- bericht	End- bericht
Problem- und Zieldefinition								
Soll- Leistungs- merkmale								
Projekt- gliederung								
Fachl. Konzept/ Pflichtenheft								
DV-techn. Konz./ Evaluation								
Programm./ Realisierung								
Test Abnahme								

Bild 4.10: Deckblatt für Projektberichte (Beispiel)

4.3 Entscheidungsprozeß

Die Einführung von CIM ist ein komplexer Entscheidungsprozeß, der zügig gemanagt werden muß. Grundsätzlich ist dabei die engagierte Mitarbeit und Motivation der Unternehmungsleitung notwendig. Im wesentlichen müssen vier Maßnahmen vorangetrieben werden:

1. Aufbau einer CIM-Projektorganisation (vergleiche Kapital 4.1 und 4.2),
2. Zusammenarbeit mit CIM-Partnern,
3. Entwicklung eines CIM-Konzeptes und dessen Realisierung,
4. Aufbau der CIM-Organisation für den Betrieb der Systeme.

Der Unternehmensleitung fällt vor allem die Rolle des Initianten zu. Als oberste Entscheidungsinstanz hat sie die größte Verantwortung am Gelingen eines CIM-Projektes. Sie muß dafür Sorge tragen daß einmal getroffene Entscheidungen durchgesetzt werden. Man bezeichnet die Geschäftsleitung deshalb auch oft als *Machtpromotor* im Gegensatz zum *Fachpromotor*, dem CIM-Projektleiter. In der Praxis gibt es leider sehr viele Beispiele bei denen die Geschäftsführer sich aus der Verantwortung stehlen und die Durchsetzungsarbeit für die CIM-Einführung dem CIM-Team überlassen. Dieses Vorgehen ist nie erfolgreich!

Zu Beginn des CIM-Vorhabens verfügt ein Unternehmen nicht über genügend erfahrene Fachleute. Für ein erfolgreiches Vorgehen ist deshalb die *Hinzuziehung externer Beratungsleistungen* unabdingbar. Der entstehende Zeitgewinn und das Vermeiden von Fehlinvestitionen spielen die entstehenden Kosten schnell wieder herein.

Die verschiedenen Phasen eines solchen Prozesses zeigt Bild 4.11. Ausgehend von einer Betriebsanalyse werden die Ziele zu strukturiert. In dieser ersten Phase hat die Geschäftsleitung einen sehr großen Anteil an den Projektarbeiten. Idealer externer Partner in diesen Phasen ist ein *neutraler* in der CIM-Einführung *erfahrener* Unternehmensberater. Mit leichtem zeitlichem Versatz werden nun ein CIM-Strategieteam gegründet und externe Systemberater hinzugezogen. Ergebnis dieser Phase ist die CIM-Konzeption als Referenzmodell formuliert (Bild 4.12 und Anhang 4).

Das eigentliche CIM-Projektteam für die Realisierung wird erst in einer dritten Phase aufgebaut. Jetzt sind enge Kontakte mit Anbieterfirmen und Lieferanten sinnvoll. Die Besichtigung von Referenzinstallationen der Systeme findet nun ebenfalls statt.

Aufgaben der Unternehmensleitung:

- Auslösung sämtlicher CIM-Teilarbeiten,
- Oberaufsicht über alle Vorgehensschritte,
- Motivation des CIM-Strategieteams,
- Durchsetzung getroffener Entscheidungen.

Aufgaben des CIM-Strategieteams:

- Einsatz der CIM-Partner,
- veranlassen von Ausbildungsmaßnahmen,
- einleiten von organisatorischen Maßnahmen,
- Festlegung technischer Maßnahmen,
- Entscheid über Teilprojekte,
- zeitliche und finanzielle Überwachung der Teilprojekte,
- Berichterstattung an die Unternehmensleitung.

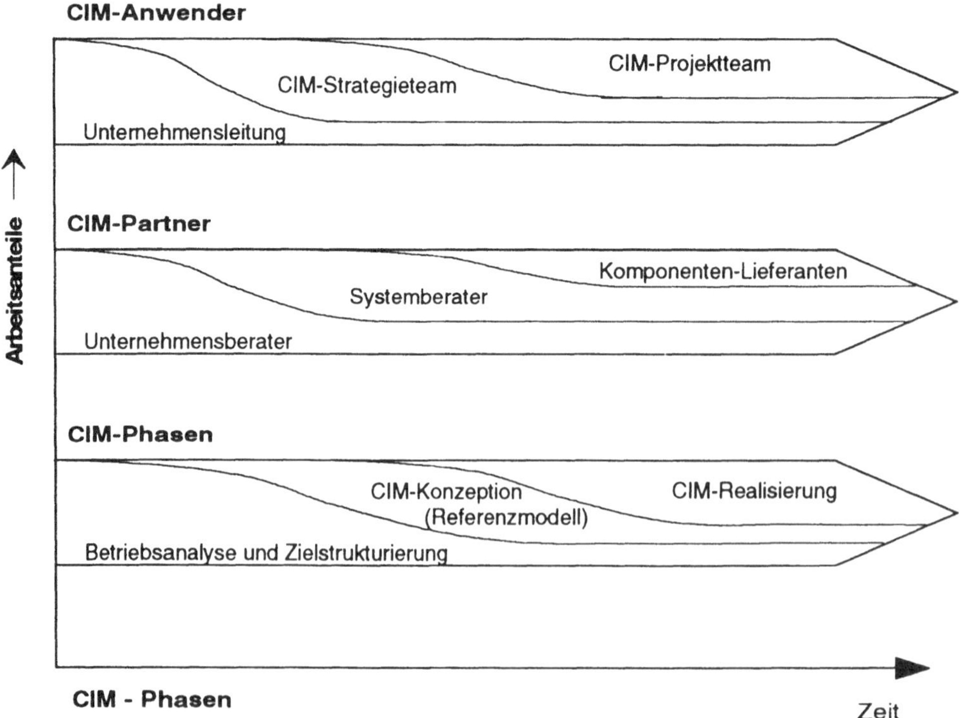

Bild 4.11: CIM als Entscheidungsprozeß

Die CIM-Projektteams selbst erfüllen ihren Auftrag im Rahmen organisatorischer Randbedingungen, wie sie in den Abschnitten 4.1 und 4.2 festgelegt wurden.

Bei der Hinzuziehung *externer CIM-Partner* müssen folgende Sachverhalte präzise definiert werden:

- Aufgabenstellung und Zielsetzung,
- Referenzen,
- Arbeitsumfang,
- Art und Umfang der erwarteten Ergebnisse,
- Rechte und Pflichten,
- Termine,
- Geheimhaltungsklauseln,
- Projektleiter des Partners,
- Kostenfragen.

4.3.1 Betriebsanalyse

Die Betriebsanalyse verfolgt eine doppelte Zielsetzung:

- Ermittlung der betrieblichen Daten und Angaben, die für die Planung bzw. Umgestaltung im Hinblick auf CIM erforderlich sind;
- Ermittlung der Ansatzpunkte für technische und betriebliche Verbesserungen bereits bestehender Systeme.

Aufgrund dieser Zielsetzung besitzt die Analyse den Charakter einer *Schwachstellenanalyse.* Die effiziente Arbeitsweise ist hierbei Grundlage: So genau wie nötig - so grob wie möglich. Im einzelnen müssen sämtliche wichtigen Arbeitsabläufe des produzierenden Unternehmens analysiert werden. Dies geschieht mit Hilfe eines *funktionalen Referenzmodells der industriellen Produktion.*

Es gibt heute eine *Vielzahl verschieden orientierter CIM- Modelle* auf dem Markt (4, 5). Durch Übernahme und Weiterentwicklung eines geeigneten Modells lassen sich die betrieblichen Soll-Abläufe und -Funktionen für eine grobe Erstanalyse übersichtlich darstellen. Im Anhang 4 sind dazu mehrere Beispiele aus unterschiedlichen Quellen angeführt.

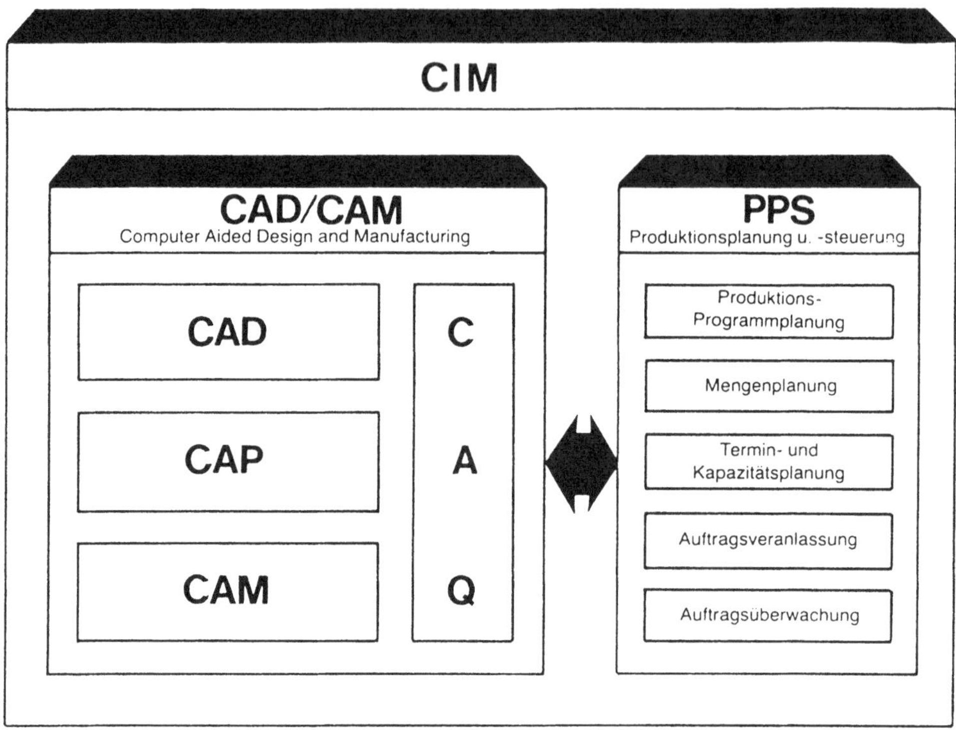

Bild 4.12: CIM-Modell (AWF)

Das *CIM-Referenzmodell des AWF* (Bild 4.12) ist heute in der Industrie anerkannt. Es leistet einen grundsätzlichen Überblick über die zu integrierenden Aufgaben. Für eine tiefergehende Verfeinerung ist es aber nötig, bis hin zur Ebene von Informationsflüssen und Transaktionen zu analysieren.

In der Praxis müssen die Firmen ihre eigene Funktionsstruktur finden, indem sie zunächst ihre eigene Realität abbilden. Dazu muß zunächst das betriebstypische, funktionale Referenzenmodell erstellt und mit den dazugehörenden Daten und Formaten versehen werden (Ist-Analyse) (Bild 4.13). Diese Datenermittlung beinhaltet auch die Erhebung eines Mengengerüstes. Je nach Realisierungsstand müssen weitere Strukturen in einer Ist-Darstellung erarbeitet werden:

- Anwendungssysteme,
- Datenhaltung,
- Netzwerke,
- Hardware.

Darauf aufbauend kann man die wesentlichen Integrationsdefizite bestimmen, Vorstellungen über einen Soll-Zustand entwickeln und den dadurch erreichbaren Nutzen abschätzen. Diese Soll-Strukturentwicklung, die man auch als "Bebauungsplan" bezeichnen kann, muß von einer parallelen Erarbeitung der Schichten begleitet werden die auch Personal und Qualifikation sowie die Struktur der strategischen Geschäftseinheiten berücksichtigt.

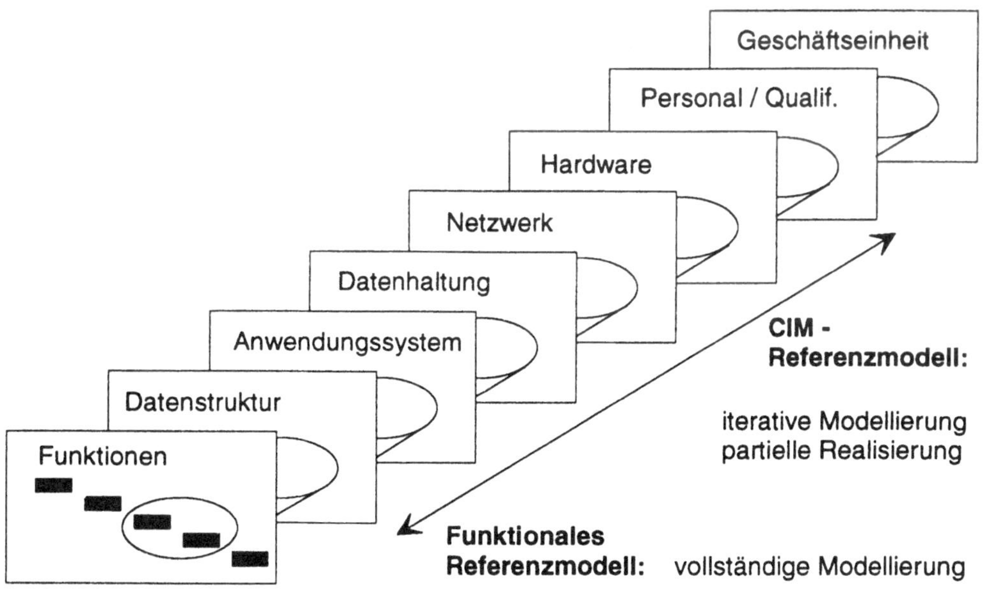

Bild 4.13: CIM-Referenzmodell erarbeiten (7)

Aufgrund des hohen Zeitbedarfs für eine umfassende Realisierung müssen *Prioritäten* gesetzt werden. Dazu werden die Funktionsbereiche mit den größten Integrationspotentialen in Form eines partiellen Ansatzes weiter detailliert und in Realisierungsprojekte überführt. Die weitere Zeitplanung bei der Realisierung und bei der Suche der Realisierungsschwerpunkte muß unbedingt unter Beachtung der Veränderungen in den strategischen Geschäftseinheiten und in den Märkten erfolgen. Erfahrungen während der Realisierung fließen ebenfalls in die Fortschreibung des "Bebauungsplanes" und die schrittweise Detaillierung weiterer Bereiche ein.

So kann ein kontinuierlicher Übergang vom Ist-Zustand zu einem zunehmend CIM-integrierten Fabrikbetrieb unter Anpassung an die jeweiligen Randbedingungen und unter Nutzung jeweils neuester Technologien erreicht werden.

4.3.2 Informationsflußanalyse

Geklärt werden müssen folgende Fragen (13):

- Welche Daten werden wo erzeugt?
- Welche Daten werden wo und wofür benötigt?
- Wer verwaltet und pflegt welche Daten?
- Wer ist für welche Daten verantwortlich?
- Welche Daten werden in einer gemeinsamen Datenbasis gehalten?
- Für welche Daten bestehen Hol- bzw. Bringschulden?
- Wie groß sind die Datenmengen, die übermittelt werden müssen?
- Wie schnell und wie häufig muß die Übermittlung stattfinden?

In einem ersten Ansatz kommt man weiter, wenn man *die vorhandenen Systeme den hierarchischen Ebenen im Unternehmen zuordnet* (Bild 4.16).

Mengengerüst

Die für die Transaktionen und die Datenhaltung nötigen Mengen müssen ermittelt oder zumindest abgeschätzt werden (6). Es empfiehlt sich, tabellarisch eine Übersicht zu erstellen (Bild 4.14).

Jede Ebene stellt besondere Anforderungen an die Informationsverarbeitung. Charakteristisch ist, daß die Daten in den unteren Ebenen sehr häufig übermittelt werden und häufig nur begrenzte Informationsinhalte tragen. In den höheren Ebenen werden Daten viel seltener übermittelt, dafür aber große Mengen. Typischerweise werden Daten, die von unten nach oben fließen "verdichtet", d.h. z.B. kumuliert verarbeitet. Daten, die von oben nach unten fließen, nehmen durch weitere Präzisierungen und Aufteilungen immer größeres Volumen an (z.B. Stücklistenauflösung, Arbeitsplanung, etc.).

Neben den *vertikalen Informationsflüssen* existieren *horizontale Flüsse.* Hier werden Informationen zwischen miteinander in Verbindung stehenden Teilbereichen ausgetauscht. Beim Datenfluß parallel zum Materialfluß wird dies gut sichtbar (Bild 4.15).

Planungshorizonte die in einem Fertigungsbetrieb üblich sind benötigen sehr unterschiedliche Datenübertragungsmengen, -antwortzeiten und -häufigkeiten (Bild 4.16).

Datenbestände	Anzahl heute	Anzahl max.	Anzahl Zeich.	Bemerkungen
Kunden	2500	5000	320	*Zunahme ca. 10% p.a.*
Lieferanten	210	500	430	*+10 bis 20 Zunahme in den nächsten 2 Jahren, Rest Res.*
Lager				
- Geräte	250	1000	200	*Sortimentsbereinigung*
- Ersatzteile	18500	32000	270	*Lieferfähigkeit erhöhen*
- Werkzeuge	6000	10000	250	
- übrige Artikel	11000	23000	270	*weitere Handelsware*
Personal				
- Verkauf	32	60	2010	*ab 1992 wird der Aussend. stark ausgebaut*
- Verwaltung	22	22	2010	*Restrukturierung*
- Produktion	110	150	2010	*langfristig nahezu konstant*
Aufträge offen	5000	25000	180	*Abdeckung der Saisonspitze (15000)*
Aufträge in Arbeit	1000	10000	550	
Bestellungen	200	500	80	

Datenbewegungen pro Monat	Mittel	Spitze	Bemerkungen
Input			
- Bestellungen schriftlich	5500	9000	*75% bei Posteingang 10:00 h*
- Bestellungen telef.	3500	5000	*40% von 14:00 bis 15:30 h*
- Artikelpos. je Best.	3	20	*starke Zun. durch Handelspr.*
- Korrekturen von Best.	4700	10000	
Output			
- Auftragsbestätigungen	9000	14000	*jede Best. schriftl. bestätigen*
- Anzahl Zeilen	5	22	
Mutationen			
- neue Kunden	20	50	
- neue Anschriften	5	10	

Bild 4.14 Mengengerüst (Beispiel)

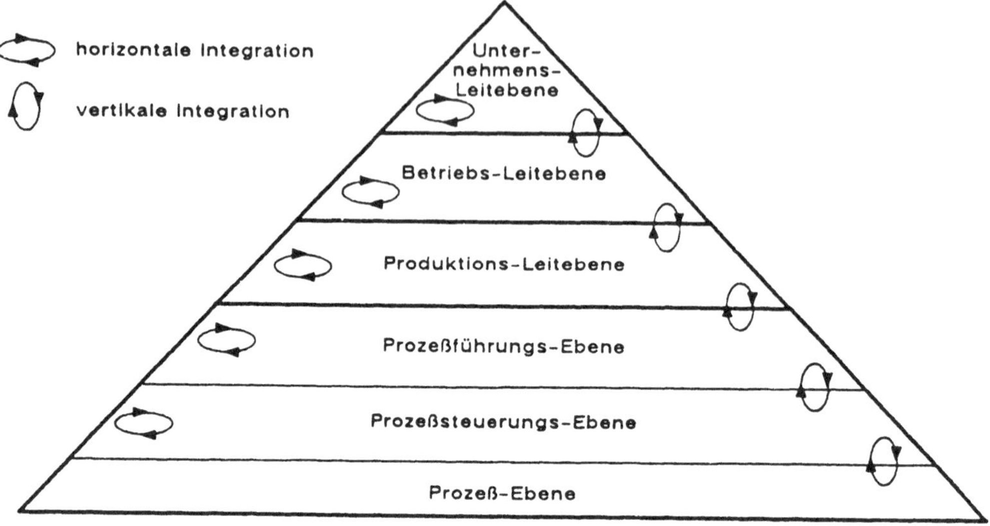

Bild 4.15: Hierarchie-Ebenen eines Produktionsunternehmens (13)

Die Lebensdauer von Daten und ihre grundsätzliche Verwendung lassen sich in 3 Gruppen einteilen:

1) Stammdaten

Daten, die Eigenschaften von Systemelementen, Personen, Gegenständen etc. beschreiben. Sie gelten in der Regel *langfristig*.

2) Strukturdaten

Daten, die die Beziehungen zwischen Systemelementen nach Zahl und Art beschreiben. Sie gelten meist *mittelfristig*.

3) Bewegungsdaten

Daten, die sich während des Produktionsprozesses und der Geschäftstätigkeit laufend verändern. Sie gelten also nur *kurzfristig*.

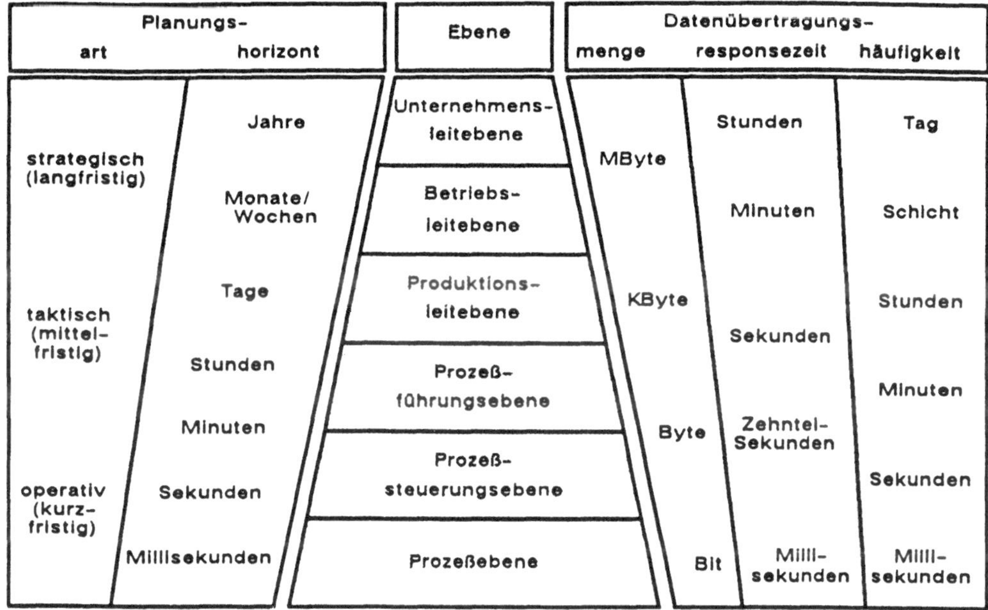

Bild 4.16: Hierarchie-Ebenen bei der Datenleitung (13)

4.3.3 Analyse vorhandener Insellösungen

In der Vergangenheit wurden CA-Vorhaben in verschiedenen Bereichen der Unternehmen isoliert durchgeführt. In vielen Fällen sind momentan vorhandene Automatisierungs- und EDV- Anwendungsstrukturen gewissermaßen historisch gewachsen, abhängig vom jeweiligen Stand der Rechnertechnik bei der Einführung. Unüberwindbare Kommunikationsprobleme sowie fehlende Konzepte für eine bereichsübergreifende Planung und Kommunikation aber auch Abteilungsegoismen förderten diese Inselbildung.

Insellösungen bieten folgende Nachteile:

- Mehrfachspeicherung von Stammdaten,
- unkoordinierte Mutationen der Stammdaten,
- Notwendigkeit manueller Dateneingabe an Schnittstellen,
- mangelnde Transparenz und lange Durchlaufzeit bei Auftragsbearbeitung,
- erhöhter Wartungsaufwand durch Verschiedenartigkeit der EDV-Systeme.

Datenart / Datenbezug	Basisdaten		Bewegungsdaten
	Stammdaten	Strukturdaten	
Personal	Name, Wohnort, Geburtsdatum, Steuerklasse, Qualifikation	Kostenstellen / Arbeitsplätze an denen die Person eingesetzt werden kann	abgerechneter Zeitgrad, Zeitlohnstunden, Anwesenheitszeit
Betriebsmittel	Maschinen–Nr., Benennung, Leistungsdaten, Ausrüstungsangaben, Kostenstelle Kostenplatz	einsetzbare Werkzeuge, Vorrichtungen	Nutzungsgrad, Abschreibungsstand
Erzeugnis	Teilenummer, Benennung, Beschaffungsart, Mindestbestand, Verrechnungspreis	Zuordnung der Teile und Gruppen zum Erzeugnis	Bestand, verkaufte Mengen
Auftrag	Auftrags–Nr., Kunde, Bearbeiter, Termin	Teilaufträge, Bestellungen	Auftragsfortschritt, angefallene Kosten

Bild 4.17: Datenarten (Beispiele) (13)

Wesentliches Merkmal von CIM ist es, Strukturen zu schaffen, die datentechnisch die Integration verschiedener Systeme ermöglichen.

In der Vergangenheit wurde sehr häufig eine Unterscheidung zwischen sogenannten *kommerziellen EDV-Lösungen* und *technischen EDV-Lösungen* gemacht. Typische Vertreter sogenannter kommerzieller EDV-Lösungen waren IBM-Host- Konfigurationen. Für technisch orientierte EDV-Lösungen sind die verschiedenen DEC-Systeme sowie Workstation-Konzepte typisch. Diese Unterscheidung ist heute nicht mehr zulässig. Aus diesem Grund ist es auch nicht mehr sinnvoll, kommerzielle und technische EDV getrennt zu führen und zu unterhalten.

Eine weitere systemtechnische Barriere besteht zwischen zentralen und dezentralen DV-Systemen. Auch hier sind ganzheitliche Betrachtungsweisen erforderlich, wobei folgender Grundsatz gilt:

- Datenverwaltung soweit wie möglich zentral,
- Leistungsbereitstellung soweit wie möglich dezentral.

Eine andere Art von Inselbildung entsteht bei der gleichzeitigen Verwendung extern *zugekaufter Standardprogramme* und interner *Entwicklungen*. Schlechte Koordination der Beschaffungen mit den internen Entwicklungen führt unweigerlich zu Problemen und Frustrationen. Häufig entstehen solche Situationen durch einen gewissen Anwendungsstau, wenn Anwender zur "Selbsthilfe" greifen und aus eigener Initiative Systeme beschaffen.

Es ist erforderlich, eine neue Verteilung der Kompetenzen zwischen EDV-Bereich und Anwendungsabteilung zu erreichen. Einerseits ist es notwendig, grundsätzliche Entscheide miteinander zu koordinieren, wie auch den Anwender möglichst frühzeitig in beabsichtigte Entwicklungen einzubeziehen. Es ist zu empfehlen, eine CIM-Strategie zu erarbeiten, um gewissermaßen "Leitplanken" bei künftigen Beschaffungsentscheiden vorzufinden. Die CIM-Baukästen, in den Kapiteln 2.6. und 3.6 beschrieben, können dazu eine gute Hilfe bieten.

5 Wirtschaftlichkeitsabschätzungen

5.1 Ermittlung quantitativer CIM-Potentiale

CIM-Investitionen sind sehr teuer, es ist deshalb gerechtfertigt, den Nachweis der Wirtschaftlichkeit erbringen zu müssen. Dieser Nachweis ist sehr schwierig, da eine kostenbezogene Bewertung mit konventionellen Wirtschaftlichkeitsberechnungsmethoden kaum möglich ist.

Dennoch sollten soweit als möglich quantifizierbare Faktoren herbeigezogen werden. Im allgemeinen können konventionelle Investitionsrechnungen auf dem Gebiet der Maschinen- und Automatisierungsinvestition durchaus angestellt werden.

Monetär quantifizierbare Faktoren sind in Bild 5.1 dargestellt.

5.2 Ermittlung qualitativer CIM-Potentiale

Bei der Betrachtung der Nutzen- und Kostenaspekte von PPS-, CAD-, CAP- und CAM-Systemen sind sehr unterschiedliche Faktoren von Bedeutung. Schwierig zu bewerten sind generell die *bereichsübergreifenden* und deshalb häufig nicht quantifizierbaren Nutzenwirkungen beim Einsatz der Systeme. Es sind aber gerade diese Nutzenwirkungen, die den Einsatz der genannten Systeme rechtfertigen und die stärksten Auswirkungen haben.

Herkömmliche Wirtschaftlichkeitsbetrachtungen/Investitionsrechnungen, die nur auf quantifizierbaren Daten beruhen, ergeben häufig recht lange Amortisationszeiten (ca. 5 Jahre). Diese lange Zeitdauer läßt zunächst den Einsatz der Systeme nur als bedingt wirtschaftlich erscheinen.

Erschwerend steht den erreichbaren Nutzenwirkungen *der erhebliche Kostenaufwand für Integration und Realisierung gegenüber.* Diese Integrationskosten sind z.T. sehr schwer zu beherrschen. Aus diesem Grund ist es angebracht, ein sehr enges und detailliertes *Controlling* aller eingesetzten Systeme und durchgeführten Projekte zu betreiben. Diese Leistung vermag in aller Regel nur ein neutraler, externer Experte zu erbringen.

Wirkung	Bewertung	Bestimmungsgrössen
1. Arbeitskräftegewinnung	Lohnkostensenkung	Verringerung des Arbeitszeitaufwandes bei Beachtung veränderter Tätigkeitsstrukturen
	Verringerung direkt lohnabhängiger Gemein-kosten	Anteil der direkt lohnabhängigen Gemeinkosten an den gesamten Gemeinkosten
	Gewinnzuwachs aus Wiedereinsatz der gewonnenen Arbeitskräfte	Produktivität des Arbeitsplatzes, an dem der Wieder-einsatz erfolgt Gewinn aus zusätzlicher Produktion bzw. durchschnitt-liche Gewinnrate je Arbeitskraft/Jahr
2. Erhöhung der Produk-tivität (Leistungsfähigkeit) des Arbeitsplatzes	Gewinnzuwachs aus Erhöhung des Produk-tionsvolumens	Verringerung des Maschinenzeitaufwandes je Leistungseinheit Erhöhung des produktiven nutzbaren Maschinenzeit-fonds Durchschnittliche Gewinnrate je produktive Maschi-nenstunde
	Verringerung der spezifischen Kosten	Verringerung der spezifischen maschinenabhängigen Kosten Grad der Kostendegression der Restgemeinkosten Einsparung von Material- und Energiekosten bei Verwirklichung neuer Technologien
3. Verkürzung der Durch-laufzeit	Verringerung der Umlaufmittelbindungs-verluste	Anteil der Liegezeiten, Wert der angearbeiteten Produktion
	Verringerung der Lager- und Transportkosten	Integrationsgrad der Prozesse, Flächen- und Raum-beanspruchung
	Gewinnzuwachs durch zeitlich früheren Absatz	Einfluss des Zeitfaktors auf Preise und Marktanteile
4. Erhöhung der Flexibilität	Verringerung der Umstellkosten	Verringerung des Zeitaufwandes je Umstellung und der Anzahl der Umstellungen
	Gewinnzuwachs aus zusätzlicher Produktion	Erhöhung der produktiv nutzbaren Maschinenzeit-fonds Erhöhung der zeitlichen Ausnutzung der Fonds
	Gewinnzuwachs aus höherer Reaktionsfähig-keit	Einfluss kurzfristiger Auftragsübernahme und -realisie-rung auf Marktanteile, Auftragslage und Preise
5. Erhöhung der Qualität	Kostensenkung	Verringerung von Zeit-, Material- und Energieaufwand durch Qualitätssicherung Verringerung der Ausschuss-, Nacharbeits- und Garantiekosten; Kostensenkung in Folgeprozessen
	Gewinnzuwachs durch Erhöhung des Produk-tionsvolumens	Erhöhung der produktiv nutzbaren Zeitfonds Verbesserung der Auftragslage durch Qualitäts-erhöhung
	Gewinnzuwachs durch Extragewinne	Einfluss der Qualitätserhöhung auf Preis und Gewinn
6. Erhöhung der Zuverlässig-keit	Verringerung betrieblicher Kosten	Einsparung an Material, Energie, Hilfsmaterial, Arbeitszeit- und Maschinenzeitaufwand Verringerung der Kosten zur vorbeugenden Instand-haltung Verringerung der Kosten zur Schadenbeseitigung in Abhängigkeit von der Schadenzahl und der mittleren Kosten zur Beseitigung eines Schadens
	Verringerung der Ausfallfolgekosten	Verringerung des Umfangs und der Dauer der Störun-gen in Folgeprozessen
	Gewinnzuwachs aus Erhöhung des Produk-tionsvolumens	Erhöhung der produktiv nutzbaren Zeitfonds Bessere Ausnutzung der Zeitfonds durch weniger Ausfälle und kürzere Ausfallzeiten
	Gewinzuwachs aus Qualitätsverbesserungen	Verringerung der Verluste durch Qualitäts-minderungen
7. Verbesserung der Mate-rialökonomie	Verringerung der Materialkosten	Verringerung des spezifischen Materialverbrauchs durch bessere Ausnutzung der Wekstoffeigenschaften Annäherung der Rohteile an die Fertigteilgeometrie Materialeinsparung durch Nutzung der Mikro-elektronik Durchführung ökonomisch begründeter Material-substitutionen

Bild 5.1: Quantifizierbare CIM-Potentiale

5.2.1 Nutzen von PPS

Der PPS-Einsatz erbringt eine Qualitätserhöhung von Planungs- und Steuerungs-
daten bei gleichzeitiger Reduktion der Personalkosten im Planungsbereich (ca. 30 %).
Häufig ist es möglich, Kapazitäten in der Fertigung freizulegen und dadurch insgesamt
Produktivitätssteigerungen zu erzielen.

Die notwendige Verbesserung und Detaillierung der Planungsdaten sowie ihre Verwaltung und Pflege ermöglichen es, die Anzahl der Planungsfehler und Ungenauigkeiten
zu reduzieren.

Weitere bereichsübergreifende Nutzenwirkungen von PPS resultieren aus der besse-
ren Abstimmung der Fertigungsschritte und damit einer erreichbaren *Verkürzung von
Durchlaufzeiten*. Auswirkungen auf Qualität und Datenaktualität erbringen ebenso
Nutzenwirkungen.

Die Möglichkeit, Anfragen bzw. Angebote schnell und exakt auf ihre Durchführbarkeit
unter Berücksichtigung der aktuellen Fertigungs- und Montagesituation zu prüfen,
ermöglicht es, zuverlässige Aussagen über terminliche Eckdaten und den Liefertermin
zu machen. Damit wird indirekt der Verkauf unterstützt. Die Senkung von Materialbe-
ständen und die Verringerung des darin gebundenen Kapitals kann bis zu 30%
betragen.

Während der Projektdurchführung und Einsatzvorbereitungen entstehen erhebliche
Kosten für:

- Analysen und organisatorische Maßnahmen im Fertigungsbereich,
- für die Systemevaluation,
- für Softwareanpassungen an betriebsspezifische Anforderungen,
- für die Integration von Teilfunktionen bzw. für die Integration von Einzelsystemen.

Während der Einführungsphase treten daneben erhebliche Minderleistungen im PPS-
Bereich auf, die durch verstärkte personelle Anstrengungen kompensiert werden
müssen.

5.2.2 Nutzen von CAD

Der Nutzen der CAD-Systeme wird in der Regel mit der Steigerung der Produktivität innerhalb der Konstruktion begründet. Diese Produktionssteigerung resultiert aus der *Beschleunigung von Tätigkeiten im Konstruktionsprozeß*. Es handelt sich dabei überwiegend um manuelle bzw. schematische Tätigkeiten. In der Praxis werden *Beschleunigungsfaktoren* von 2 - 15 erreicht. Bild 5.2 zeigt die typische Verteilung der Tätigkeiten in einem Konstruktionsbetrieb.

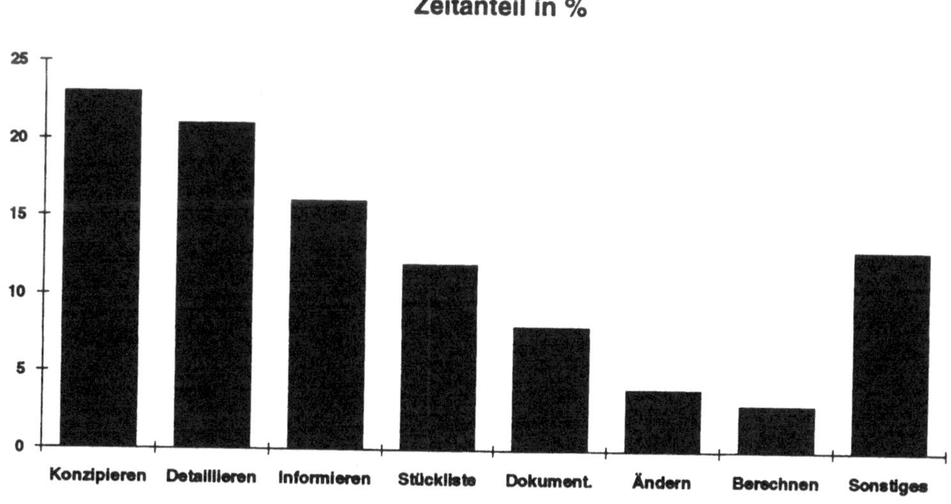

Bild 5.2: Tätigkeitsstruktur im Konstruktionsbereich

Je nach Anteil der verschiedenen Tätigkeiten, läßt sich die Konstruktion durch den Einsatz von CAD-Systemen um den Faktor 2 - 10 beschleunigen.

Veränderungen im Einzelnen

- Die Konstruktionsaufträge werden schneller bearbeitet, die Auftragsdurchlaufzeit verkürzt sich dadurch.
- Bei gleichbleibender Anzahl von Arbeitsstunden können mehr Konstruktionsaufträge abgewickelt werden.
- Die Qualität der Arbeitsergebnisse steigt.
- Einfache Wiederverwendungsmöglichkeiten erleichtern die Standardisierung und Modularisierung der Konstruktionen (Baukastensysteme).

Die in Bild 5.2 dargestellten Tätigkeitsinhalte können durch den EDV-Einsatz unterschiedlich rationalisiert werden. Das eigentliche CAD-Kernsystem muß dazu durch eine Vielzahl von Modulen ergänzt werden (Bild 5.3).

Rationalisierungsmöglichkeiten durch EDV-Einsatz		
Konzipieren Entwerfen		
Detaillieren	CAD-System	
Informieren	Normteil-DB	Sachmerk-malleisten	Zeichnungs-datenbank
Stückliste bearbeiten	Stüli-Generator	Stüli-Datenbank	
Dokumentation	CAD-System	Text-System	DTP-System
Ändern	CAD-System	Teileverwen-dungsnachw.	
Berechnen	Berechnungs-programme	FEM	
Sonstiges Arch., Stand.	Archivierungs-systeme	Sachmerkmal-leisten	

Bild 5.3: Rationalisierung von Tätigkeiten in der Konstruktion

In der Praxis zeigt sich, daß die Steigerung der Produktivität durch CAD-Einsatz in einem längeren zeitlichen Ablauf gesehen werden muß. Diese Entwicklung wird vor allem dadurch erzeugt, daß der Anwender erst im Laufe der Zeit die effektive Handhabung des Systems erlernt. In der Anfangsphase kann vorübergehend sogar ein höherer Personalaufwand entstehen, da während einiger Wochen die Arbeit mit dem neuen System zunächst langsamer vonstatten geht (Bild 5.4).

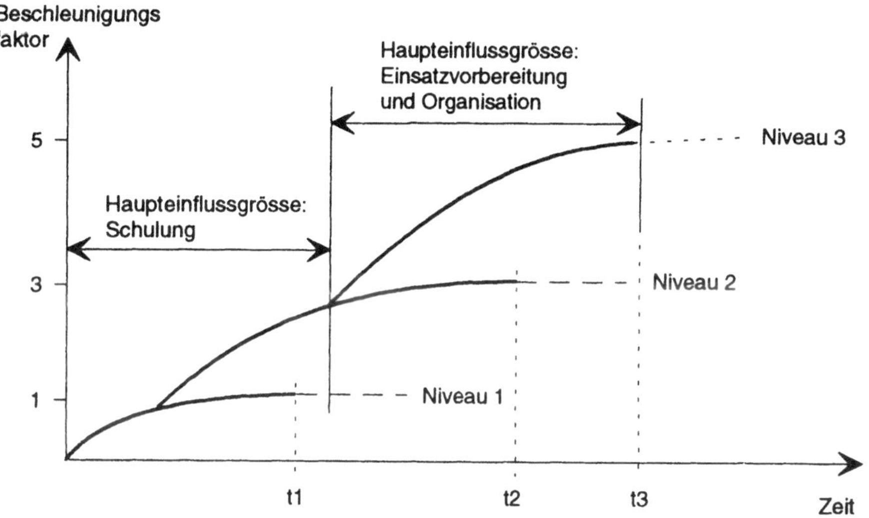

Niveau 1: CAD-Arbeiten wie konventionell

Niveau 2: teiloptimierte Arbeitstechnik (Ausschöpfen aller Zeichnungsfunktionen)

Niveau 3: CAD-gerechte Arbeitstechnik und -organisation

Bild 5.4:   Zeitliche Entwicklung der Produktivitätssteigerung in der Konstruktion

Die Nutzensteigerung in der Konstruktion kann nachhaltig durch abgestufte Schulungsmaßnahmen sowie flankierende organisatorische Maßnahmen und den Einsatz von Datenbanken beeinflußt werden (19). Im speziellen sind dies Klassifizierungssysteme zur Wiederholteilfindung (Sachmerkmalleisten). Folgende weitere Maßnahmen sind unbedingt empfehlenswert:

- Standardisierung des Teilespektrums,
- Einsatz von Norm- und Wiederholteilebibliotheken,
- Variantenkonstruktion.

In typischen Einsatzfällen genügt es, lediglich 20 % aller benötigten Teile neu zu konstruieren. 40 % lassen sich meist ohne Änderung übernehmen, weitere 40 % können durch geringfügige Änderungen passend gemacht werden. Die schnelle Reaktionsmöglichkeit verbessert das Reagieren auf Kundenwünsche insbesondere auch für die Angebotsausarbeitung.

CAD-Systeme besitzen sehr umfangreiche indirekte Nutzenwirkungen. Da in CAD-Systemen die *exakten Produktdaten* geometrischer Art verfügbar sind, können diese nach einem manuellen oder automatischen Selektionsprozeß in anderen Anwendungssystemen weiterverwendet werden. Es treten dann in nachgelagerten Anwendungen positive Nutzenwirkungen auf.

Durch den Einsatz spezieller Programmsysteme zur Durchführung komplexer Berechnungsverfahren (z.B. FEM- Methode) können im Bereich der *Produktentwicklung* kürzere Entwicklungszeiten erreicht werden. Die Markteinführung neuer Produkte kann dadurch wesentlich verkürzt werden. Diese Steigerung der Innovationsrate ergibt die Möglichkeit, die Wettbewerbsfähigkeit eines Unternehmens nachhaltig zu sichern.

Im Anlagenbau entfallen häufig über 50 % der Durchlaufzeit auf planerische Tätigkeiten und Tätigkeiten im Konstruktionsbereich. Die Verringerung der *Auftragsdurchlaufzeit* beispielsweise bei einem Anlagenbaubetrieb muß deshalb in den Entwicklungs- und Konstruktionsbereichen ansetzen.

Standardisierung bedeutet Reduktion von Teilevielfalt. Die reduzierte Teilevielfalt erhöht im Nachhinein die Produktivität bei der Arbeitsplanung, der NC-Programmierung, der Betriebsmittelerstellung, der Fertigung und Lagerhaltung. Speziell diese Kosteneinsparungen sind es, die den CAD- Einsatz geboten erscheinen lassen. In der Praxis wurden häufig Qualitätsverbesserungen indirekter Art durch weniger Fehler in Zeichnungen sowie kosten- und gewichtsoptimalere bzw. fertigungs- und montagegerechtere Produktgestaltung erzielt. Weniger Materialkosten entstehen durch optimierte Konstruktionen sowie die Verringerung von Ausschußmengen. Nach eigenen Beobachtungen beträgt das Potential des direkten Nutzens, der in der Konstruktionsabteilung durch den Einsatz von CAD-Systemen erzielbar ist, nur etwa 20 % des Gesamtnutzens.

5.2.3   Nutzen von CAP

Der Nutzen von CAP-Systemen kann häufig in Verbindung mit CAD und/oder PPS-Systemen betrachtet werden. Primär im Vordergrund steht der Nutzen durch die *Reduktion der notwendigen Dateneingabe* in CAP-Systemen.

Eigene Nutzenfaktoren von CAP-Systemen sind weitere Produktivitätserhöhungen durch *Reduktion des Datenverwaltungs- und Recherchenaufwandes* für Betriebsmittel, die Möglichkeit der Nutzung von Standardoperationsplänen sowie die Möglichkeit der einfacheren Alternativplanung.

Bei kapazitiven oder terminlichen Engpässen gestatten CAP- Systeme die beschleunigte *Anpassung von Planungsunterlagen*, um mittels Umplanungen den Auftragsdurchfluß aufrecht erhalten zu können. In der Praxis erhält man die nötige Kapazität für Umplanungen, da eine kontinuierliche Auslastung von Produktionsmitteln immer schwieriger wird.

Aktuelle Arbeitspläne aus dem CAP-System sind für die Kapazitätsbetrachtungen im PPS Voraussetzung, um realistisch planen zu können.

5.2.4 Nutzen von CAM

CAM-Systeme umfassen die für den direkten operativen Betrieb notwendigen Rechnersysteme. Dazu gehören die eigentlichen CNC- und SPS-Steuerungen sowie dazugehörende technische Leitrechner, DNC-Systeme und CNC-Programmierplätze. Die Wirtschaflichkeit der eigentlichen Werkzeugmaschinen und deren Verfahrensvorteile soll hier nicht weiter erörtert werden.

Direkte Nutzenwirkungen entstehen ähnlich wie bei CAP- Systemen durch direkte Kopplung mit vorgeschalteten Systemen z.B. CAD. Bei realisierter CAD/CAM-Kopplung wird die wiederholte Eingabe von Geometrietaten unnötig. Das Fertigungswissen kann in *Technologiedatenbanken* abgelegt und somit die eigentliche Programmierung der Maschinen enorm beschleunigt. werden. Damit ist es möglich, die Produktivität des Programmierpersonals zu verbessern. Eingesparte Maschinenstillstandszeiten erhöhen die Maschinenproduktivität. Dadurch senken sich direkt die Fertigungskosten, zusätzliche Kapazitäten werden frei, Durchlaufzeiten können reduziert werden.

Werden CAM-Systeme im Sinne von flexiblen Fertigungssystemen (FFS) speziell strukturiert eingesetzt, lassen sich die *Durchlaufzeiten bis zu 60 % senken*. Die hohe Produktivität von Maschinen ermöglicht es, darüberhinaus den Flächenbedarf zu senken; der Maschinenpark läßt sich verkleinern.

Ein wesentlicher Nutzenaspekt speziell im Einsatz von CNC- Maschinen liegt darin, diese Systeme während der Schichtpausen oder in einer bedienarmen weiteren Schicht einsetzen zu können. Bei der Automatisierung von Peripheriesystemen wie

Robotern und Transportsystemen ist es möglich, Produktionsstätten stundenlang unbeaufsichtigt (z.B. am Wochenende) durchlaufen zu lassen.

Die automatisierte Produktion an sich ermöglicht es bereits, die Wiederholgenauigkeit in der Fertigung zu steigern, woraus direkte Qualitätsvorteile resultieren. Beim integrierten Einsatz von CAQ-Systemen in Verbindung mit CNC- Maschinen lassen sich weitere Qualitätssteigerungen besonders bei großen Produktionsmengen erzielen. Gerade die Qualität ist ein zunehmender Faktor für die Entwicklung und den Erhalt der Wettbewerbsfähigkeit von Unternehmen.

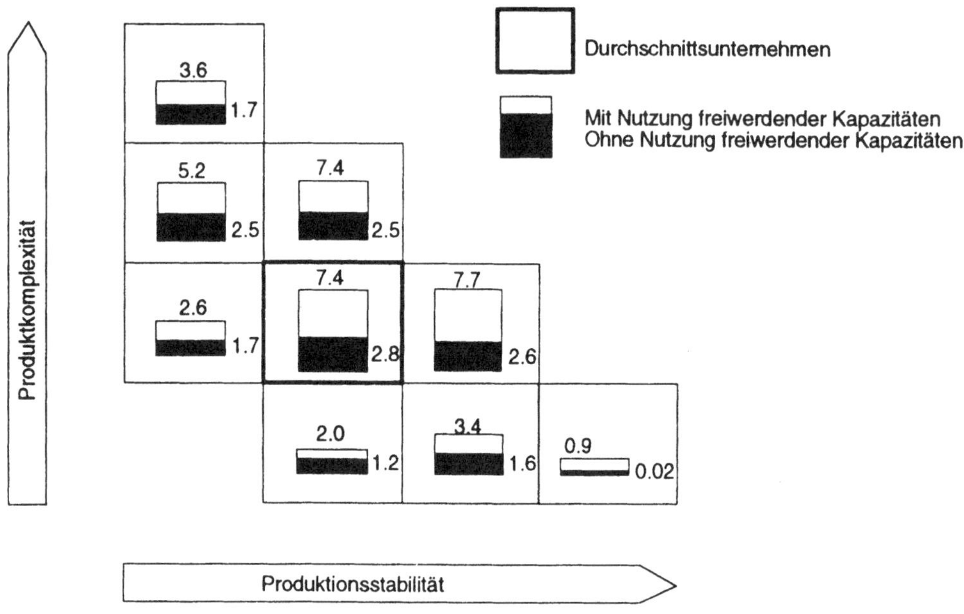

Bild 5.5:   Einsparungspotentiale durch den Einsatz von CAM- Systemen

Die höchsten Einsparungspotentiale ergeben sich bei mittlerer Komplexität und Stabilität des Teilespektrums (Bild 5.5), da in diesem Bereich

- die ungleichmäßig hohe Auslastung der Produktionsmittel groß ist;
- die Warte- und Liegezeiten zwischen den Maschinen hoch sind;
- die Kapazitätssteigerungen durch Pausen, Mehrmaschinen und Wochenendbetrieb hoch sind.

Die positiven CIM-Wirkungen auch auf der Kostenseite lassen sich heute für jeden Betrieb nutzen, man muß nur beherzt zupacken und dann einen genügend langen Atem mitbringen. Der größte Fehler wäre einfach abzuwarten, Ihre Konkurrenz wird das in der Zukunft beweisen!

Anhang 1

CA...- und CI...-Begriffe im Überblick

CAA 1. Computer Aided Administration; rechnerunterstützte Verwaltung.
Hierzu gehören Erfassungs-Systeme, Archivierungs-Systeme, Text-Systeme, Desktop-Publishing-Systeme etc.
2. Computer Aided Animation; rechnerunterstützte Erstellung bewegter Bilder. Die Bewegungsvorgänge projektierter Bauteile werden simuliert.
3. Computer Aided Assembling; rechnerunterstützte Montage. Damit ist der Einsatz von Rechnersystemen sowohl für die Montageplanung als auch für die Montagesteuerung gemeint.
4. Computer Aided Architecture; Rechnerunterstützung in Architektur und Bauwesen. Hierunter fallen CAD, Kalkulations- und Planungs-Systeme für das Bauwesen.
5. Computer Aided Automation; rechnerunterstützte Automatisierungstechnik. Gemeint sind Rechner- und Steuerungs-Systeme, die der Automation der Fertigung dienen.

CAC 1. Computer Aided Calculation; Berechnungs- und Simulationsprogramme für die Konstruktion. Hierunter fallen Verfahren wie FEM (Finite Elementen Methode) und andere Rechnerverfahren.
2. Computer Aided Communication; Rechnerunterstützung für alle Aufgaben der Verbindung von Verwaltungsfunktionen. Hier ist die Verknüpfung von Computer-Systemen oder Netzwerken untereinander gemeint.

CAD 1. Computer Aided Design; rechnerunterstützte Konstruktion. Dieser Begriff wird für alle Tätigkeiten verwendet, die konstruktiver Natur sind inkl. der Erstellung der Fertigungsunterlagen.
2. Computer Aided Drafting; rechnerunterstützte Zeichnungserstellung. Diese Begriffsauslegung bezieht sich lediglich auf die reine Zeichnungserstellung im Rahmen des Computer Aided Design. Der Begriff wird oft etwas abwertend gebraucht.

CADD 1. Computer Aided Design and Drafting; rechnerunterstützte Konstruktion und Zeichnungserstellung. Dieser selten verwendete Begriff soll die Doppeldeutigkeit der Abkürzung CAD vermeiden helfen.

CAE   1. **C**omputer **A**ided **E**ngineering; rechnerunterstützte Ingenieurverfahren.
            Wird als Oberbegriff für die Gesamtheit aller möglichen rechnerunter-
            stützten Tätigkeiten benutzt. Darunter werden meist Berechnungs- und
            CAD-Programme verstanden.
         2. **C**omputer **A**ided **E**lectronics; Rechnerunterstützung bei der Konstruktion
            elektronischer Bauteile. Es handelt sich um CAD- und Berechnungspro-
            gramme für die Auslegung elektronischer Schaltungen.

CAI   1. **C**omputer **A**ssisted **I**ndustry; rechnergestützter Industriebetrieb. Es handelt
            sich um einen Oberbegriff, der den integrierten EDV-Einsatz in einem
            Unternehmen beschreibt. Der Begriff CIM wird um Funktionen im admi-
            nistrativen und Büro-Bereich ergänzt.
         2. **C**omputer **A**ided **I**nstruction; rechnergestützte Lernprogramme. In der
            Regel werden darunter Lernprogramme zur Einarbeitung in Hard- und
            Softwaresysteme verstanden. Die Programme sind in aller Regel interak-
            tiv aufgebaut.
         3. **C**omputer **A**ided **I**nformation; rechnergestützte Informationsverarbei-
            tung. Es handelt sich um einen sehr allgemeinen Begriff der die Anwen-
            dung nicht näher spezifiziert.

CAIR   1. **C**omputer **A**ided **I**nspection and **R**eporting; Rechnerunterstützung für die
            Instandhaltung von Betriebsmitteln.

CAL   1. **C**omputer **A**ided **L**earning; rechnergestützte Lernsysteme.

CAM   1. **C**omputer **A**ided **M**anufacturing; rechnerunterstützte Fertigung. Gemeint
            ist die Rechnerunterstützung des eigentlichen Fertigungsvorganges.
            Darunter fallen sämtliche CNC- und SPS- geregelte Verfahren.
         2. **C**omputer **A**ided **M**usic; computergestützte Musikerzeugung. Klang- ,
            Melodie- und Rhythmusgenerierung und -aufzeichnung mittels Rechner-
            systemen.

CAO   1. **C**omputer **A**ided **O**ffice; rechnerunterstützte Bürodienste. Zu CAO ge-
            hört die Bürokommunikation, Textverarbeitung,Telefax etc.

CAP   1. **C**omputer **A**ided **P**lanning; rechnerunterstützte Arbeitsplanung. Mit die-
            sen Systemen wird unter Berücksichtigung der Konstruktionsanforderungen
            der Herstellprozeß in allen Einzelheiten geplant.

        2. **C**omputer **A**ssisted **P**roduction; rechnerunterstützte Herstellung. Dieser Begriff ist bedeutungsgleich mit CAM.

        3. **C**omputer **A**ided **P**rogramming; computerunterstütztes Programmieren.Dieser Begriff stimmt inhaltlich mit CASE überein.

        4. **C**omputer **A**ided **P**ublishing; computerunterstützte Veröffentlichung. Zusätzlich zu den Eigenschaften des Desktop-Publishing ist hier die Verteilung der Nachrichten über Netz miterfaßt.

CAPP   1. **C**omputer **A**ided **P**rocess **P**lanning; computergestützte Arbeitsplanung. Der Begriff ist inhaltlich identisch mit CAP (Nr. 1).

CAPPC 1. **C**omputer **A**ided **P**roduction **P**lanning and **C**ontrol; rechnergestützte Produktionsplanung und Steuerung. Dieser Begriff ist inhaltlich mit der deutschen Abkürzung PPS (Produktionsplanung und Steuerung) gleichzusetzen.

CAPPP 1. **C**omputer **A**ided **P**rocess and **P**roduction **P**lanning; rechnerunterstützte Prozeß- und Produktionsplanung. Diese Abkürzung wird synonym mit CAP oder CAPP benutzt.

CAPSC 1. **C**omputer **A**ided **P**roduction **S**cheduling and **C**ontrol; rechnergestützte Fertigungsplanung und Steuerung. Dieser Begriff bezeichnet Leitstand-Systeme, die meist in Verbindung mit PPS eingesetzt werden.

CAQ   1. **C**omputer **A**ided **Q**uality **C**ontrol; rechnerunterstützte Qualitätssicherung. Beschreibt alle mit Hilfe von Rechnersystemen durchführbaren Prüfvorgänge bezüglich Qualität- und Funktions- Erfüllung eines Bauteils. Gleichzeitig sind die, für die Planung erforderlichen Funktionen darin ebenfalls enthalten.

CAR   1. **C**omputer **A**ided **R**eporting; rechnerunterstütztes Erstellen von Zustandsberichten. Hier wird die automatische Erstellung von Kontrollberichten, z.B. über Produktionsstückzahlen etc. verstanden.

        2. **C**omputer **A**ided **R**epair; rechnerunterstützte Instandhaltung. Hierunter sind Computersysteme zu verstehen, die zur Planung, Dokumentation und Verwaltung von Wartungsvorgängen dienen.

        3. **C**omputer **A**ided **R**esearch; rechnerunterstützte Forschung. Gemeint sind Rechnersysteme, die für Forschungszwecke eingesetzt werden.

4. **C**omputer **A**ided **R**oboting; rechnerunterstützter Einsatz von Robotern. Gemeint sind sämtliche Programmier- und Steuersysteme zum Betrieb von Robotern und Handling-Geräten.

CAS

1. **C**omputer **A**ided **S**imulation; computerunterstützte Simulation. Simulationsverfahren werden in der Konstruktion eingesetzt (FEM, Einbausimulation etc.). Im Bereich der Planung dienen Simulationen der Erarbeitung von Alternativen.

2. **C**omputer **A**ided **S**elling; computergestütztes Verkaufen. Systeme zur Kundendatenverwaltung und zur Offerterstellung werden darunter verstanden.

CASE

1. **C**omputer **A**ided **S**oftware **E**ngineering; rechnerunterstützte Entwicklung von Software. Dies ist ein Sammelbegriff für den Einsatz von speziellen Software-Werkzeugen für die Software- Entwicklung.

CAT

1. **C**omputer **A**ided **T**esting; rechnerunterstützte Durchführung von Tests. Diese Abkürzung beschreibt den Einsatz des Rechners als Hilfsmittel zur Durchführung von Tests- und Qualitätsprüfungen.

2. **C**omputer **A**ided **T**ranslation; rechnerunterstützte Übersetzung. Gemeint ist der Einsatz von Rechnersystemen, die mittels Terminologie-Datenbank Übersetzungsarbeiten vereinfachen können.

CIB

1. **C**omputer **I**ntegrated **B**usiness; Integration der Geschäftstätigkeit eines oder mehrerer Unternehmen. Die Integration verschiedener Rechnersysteme aus den Bereichen CIM und CIO wird darunter verstanden.

CIAM

1. **C**omputer **I**ntegrated **A**utomatic **M**anufacturing; rechnerintegrierte automatisierte Produktherstellung. Dieser Begriff ist mit CIM identisch.

CIE

1. **C**omputer **I**ntegrated **E**lectronics; integrierte, rechnerunterstützte Erstellung elektronischer Bauteile. Nicht nur der Entwurf der Bauteile wie bei CAE, sondern auch sämtliche rechnerunterstützten Schritte bis zur Produktion werden hierunter verstanden. CIE ist für das Gebiet der Elektronikproduktion mit dem Begriff CIM vergleichbar.

2. **C**omputer **I**ntegrated **E**nterprise; rechnerintegrierte Unternehmung. Dieser Begriff ist im wesentlichen identisch mit CIB, bezieht sich jedoch nur auf eine Unternehmung.

CIF   1. Computer Integrated Factory; rechnergestützter Fabrikbetrieb. Dieser Begriff erweitert die Bedeutung von CIM um die Funktionen der kaufmännischen und administrativen Bereiche. Er ist mit CAI vergleichbar.

CIM   1. Computer Integrated Manufacturing; computerintegrierte Fertigung oder besser: rechnerintegrierter Produktentstehungsprozeß. Sämtliche technischen Funktionen, die zur Produktentstehung benötigt werden, werden hierunter verstanden.

Anhang 2

CIM-relevante Normen

DIN	199	Teil 2	12.77	Begriffe im Zeichnungs- und Stücklistenwesen; Stücklisten
DIN	199	Teil 3	08.78	Begriffe im Zeichnungs-und Stücklistenwesen; Stücklisten- Verarbeitung, Begriffe in Schlüssel-Systemen
DIN	406	Teil 4		Bemaßung für die maschinelle Programmierung
VDI	2211	Blatt 3	06.80	Datenverarbeitung in der Konstruktion; Methoden und Hilfsmittel; maschinelle Herstellung von Zeichnungen
VDI	2212		10.81	Datenverarbeitung in der Konstruktion; systematisches Suchen und Optimieren konstruktiver Lösungen
VDI	2213		05.85	Datenverarbeitung in der Konstruktion; integrierte Herstellung von Konstruktions- und Fertigungsunterlagen
VDI	2214		11.80	Datenverarbeitung in der Konstruktion; Programmentwicklung
VDI	2215		11.80	Datenverarbeitung in der Konstruktion; organisatorische Voraussetzungen und allgemeine Hilfsmittel
VDI	2216		10.81	Datenverarbeitung in der Konstruktion; Vorgehen bei der Einführung der DV im Konstruktionsbereich
VDI	2217		03.79	Datenverarbeitung in der Konstruktion; Begriffserläuterungen
VDI	2800		01.66	Planungsgrundlagen der Betriebstechnik; Wirtschaftlichkeit
VDI	2802		08.76	Wertanalyse; Vergleichsrechnung
VDI	2813		01.80	Numerisch gesteuerte Arbeitsmaschinen; Bewertung von NC- Programmier-Systemen
VDI	2815		05.78	Begriffe für die Produktionsplanung und -steuerung

VDI	2816		06.77	Ablauf und Verfahren der Investitionsbeurteilung von EDV-gestützten Fertigungssteuerungs-Systemen
VDI	2850		01.80	Numerisch gesteuerte Arbeitsmaschinen; Berechnungsschema für Programmierkosten
VDI	2851		11.86	Numerisch gesteuerte Arbeitsmaschinen; Beurteilung
VDI	2852		10.84	Kenngrößen numerisch gesteuerter Fertigungseinrichtungen
VDI	2855	Entwurf	11.85	Numerisch gesteuerte Arbeitsmaschinen; Aufstellung eines Pflichtenheftes für die Postprozessor-Beschaffung
VDI	2861		06.88	Montage- und Handhabungstechnik / Kenngrößen für Industrieroboter
VDI	2863	Blatt 1	12.87	Programmierung numerisch gesteuerter Handhabungseinrichtungen/IRDATA; allgemeiner Aufbau, Satztypen und Übertragung
VDI	2870		11.84	Beurteilung von numerisch gesteuerten Arbeitsmaschinen; Genauigkeit; Bestellvereinbarung und Nachweis
VDI	2880		09.85	Speicherprogrammierbare Steuerungsgeräte
VDI	3221			Wirtschaftlichkeitsrechnung in der industriellen Fertigung
VDI	3241		12.58	Beurteilung einer automatisierten Fertigung
VDI	3423		11.78	Numerisch gesteuerte Arbeitsmaschinen; Auslastungsnachweis und Ausfallstatistik
DIN	4000	Teil 1	04.81	Sachmerkmal-Leisten; Begriffe und Grundsätze
DIN	6789		02.65	Zeichnungssystematik; fertigungsgerechter Zeichnungs- und Stücklistensatz, Begriffe, Richtlinien für den Aufbau
DIN ISO 7372				Handbuch der Handelsdatenelemente
DIN	16 556	Entwurf		EDI-Fact-Syntaxregeln auf Anwendungsebene
DIN	16 558	Entwurf		EDI-Fact-Segmente
DIN	19 239			Speicherprogrammierte Steuerungen
DIN	44 300		03.72	Informationsverarbeitung; Begriffe
DIN	44 302		04.79	Informationsverarbeitung; Datenübertragung, Datenübermittlung, Begriffe

DIN	55 003			Werkzeugmaschinen; Arbeitsvorbereitung
DIN	66 025			Industrielle Automation, Programmaufbau für erisch gesteuerte Arbeitsmaschinen
DIN	66 201	Teil 1	05.81	Prozeß-Rechensysteme; Begriffe
DIN	66 215			Programmierung numerisch gesteuerter Arbe ischinen
DIN	66 241		01.79	Informationsverarbeitung; Entscheidungstabe eschreibungsmittel
DIN	66 252			Grafisches Kernsystem (GKS)
DIN	66 301			Rechnerunterstütztes Konstruieren, Format z ustausch geometrischer Informationen (VDAFS)
DIN	66 304			Format zum Übertragen von Normteilprogran zwischen unterschiedlichen CAD/ CAM-Systemen (VDAPS)
ISO	79 452			Übertragung von Geometriedaten

Anhang 3

CIM-Standardisierung

CIM-Normungsgremien weltweit (15)

International

CCITT	Comité Consultatif International Téléfonique et Télégraphique
ISO	International Organisation for Standardisation
MAP-TOP	MAP-TOP User Groups (USA, Australien, Kananda, Europa, Japan)

Europa

AECMA	Association Européenne des Constructeurs de Materiels Aero spatial
CEN	Comité Européen de Coordination des Normes
CENELEC	Comité Européen de Normalisation Electrotecnique
CEPT	Conférences Européenne des Administrations des Postes et des Telecomunications
ECMA	European Computer Manufacturers Association
EMUG	European MAP-Users Group
OSI-TOP	Europäische TOP-Users Group
ITAEG-M	Information Technology Advisory Experts Group on Manufacturing
SPAG	Standards Promotion and Advisory Group
EWOS	European Workshop on Open Systems

Deutschland

AWF	Ausschuß für wirtschaftliche Fertigung e.V.
DIN	Deutsches Institut für Normung
DKE	Deutsche Elektrotechnische Kommission in DIN und VDE
FKM	Forschungskuratorium Maschinenbau

NAM-IA	Fachbereich Industrielle Automation im Normenausschuß Maschinenbau
NSM	Normenausschuß Sachmerkmale im DIN
VDA	Verband der Automobil-Industrie
VDI	Verband Deutscher Ingenieure
VDMA	Verband Deutscher Maschinen- und Anlagenbauer
ZVEI	Zentralverband der Elektrotechnischen Industrie

Großbritannien

BSI	British Standards Institute

Frankreich

AFNOR	Association Français des Normalisations

Schweden

SIS	Standardisierungskommissionen I Sverige

USA

ANSI	American National Standards Institute
CAM-I	Computer Aided Manufacturing-International
COS	Corporation for Open Systems
EIA	Electronic Industries Association
IEEE	Institute of Electrical and Electronic Engineers
ISA	Instrument Society of America
NBS	National Bureau of Standards
NEMA	National Electrical Manufacturers Association
RIA	Robot Industries Association
SME	Society of Manufacturing Engineers

Canada

SCC   Standards Council of Canada

Japan

JICS   Japonese Industrial Standard Committee
MITI   Minister of International Trade and Industry
POSI   Promoting Conference for OSI

CIM-Standardisierungsprojekte (15)

Name	Inhalt	Institution
Europa		
Esprit-Projekt No. 688: CIM OSA CIM Open Systems Architectur	Software-Architektur für offene Systeme	u.a. AEG, Digital, Dornier, IBM, Siemens, VW, WZL, Uni Aachen
Esprit-Projekt No. 955: CNMA Communication Network for Manufacturing Automation	MAP-kompatible Kommunikationsprotokolle für die Fertigung	u.a. BMW, Siemens, Nixdorf, Fraunhofer-Institut IITB
Deutschland		
MAP-Testzentrum	Labor zur Schnittstellenerprobung	Fraunhofer-Institut
Frankreich		
CIM-Testzentren	Erprobung von CIM-Bausteinen	ACERCI
Großbritannien		
Konformitäts- Testsysteme	Erprobung von CIM-Bausteinen	NCC National Computer Center
USA		
PDDI Product Data Definition Interface	Schnittstelle für die CAD/CAM-Kopplung	DID Department of Defense

AMRF Automated Manufacturing Research Facility — Nutzung der CAD-Daten für alle Prozeßplanungs- und Steuerungsbereiche (Bearbeitung Robotersteuerung, Spannmittel, Prüfmittel etc.) — NBS

Japan

INSTAC Information Technologie Research Installation Center — Übernahme von ISO-Standards — MITI

FAIS Factory Automation Interoperables System — Japanische MAP-Version — MITI

CIM-Schnittstellen-Standards (15)

Standard	Institution	Kurzbeschreibung
CAD-Systeme		
CAD-I (ISO/TC 184/1(4) CAD-Interfaces	ESPRIT/ISO	Austausch produktdefinierender Daten (Kanten-, Freiform, Volumenmodelle) zwischen versch. CAD-Systemen
CGM (ANSI X3122, ISO 8632) Computer Graphics Metafile	ANSI/ISO	Deskriptive Datenschnittstelle zum Austausch fertiger Graphiken
GKS (DIN 66252) Graphisches Kernsystem (2D)	DIN/ISO	Graphische Kernfunktionen werden unabhängig von Hardware und Software definiert
GKS-3D (ISO DIS 8805) Graphical Kernel System	ISO	dito für 3D
GKSM (ISO 8632) GKS-Metafile	ISO	entspricht CGM
IGES (ANSI Y 14.26M) Initial Graphics Exchange Specification	ANSI	Austausch grafischer Daten zwischen CAD-Systemen
PDES (ISO/TC 184/SC4) Product Data Exchange Specification	NBS	Übertragung komplexer Produkt- und Anwendungsmodelle
PHIGS (ISO DP 9592/1-198n(E)) Programmers Hierachical Graphics System	ISO	ähnlich GKS-3D, durch Segmentierung auch für dynamische Prozesse geeignet (Simulation)

SET (Z68-300) Standard des changes et des Transfers	AFNOR	Anwendungsgebiet wie IGES, jedoch mit wesentlich verbesserter Datenstrukturierung
VDAFS (DIN 66301) VDA- Flächenschnittstelle	DIN/VDA	Übertragung von Freiformflächen
VDAPS (DIN 66304) VDA- Programm-Schnittstelle	DIN/VDA	Austausch von Normteilbeschreibungen
STEP (ISO/TC 184/SC4/WG 1) Standard for the Exchange of Product Model Data	ISO	Weiterentwicklung von PDES

CAM-Systeme

APT (ISO/TC 184/SC 3) Automatically Programmed Tools	ISO	Programmiersprache für die CAP/CAM- Kopplung (NC-Programmierung)
CLDATA (DIN 66215) Cutter Location Data	DIN/ISO	Datenformat für die NC-Programmübertragung
IRDATA (VDI 2863) Industrial Robot Data	VDI	Datenformat für die Steuerdatenübertragung für Industrieroboter
NC-Code (DIN 66025)	DIN	NC-Code für Werkzeugmaschinensteuerungen

Datenverwaltung

SQL (ISO/DIS 9075) Structured Query Language	ISO	Datenmanipulations- und Abfragesprache für Datenbanken

Anhang 4

CIM-Strukturkonzepte im Überblick

Überbetriebliche Institutionen und Arbeitskreise

- AWF, Eschborn
- CAD/CAM-Labor, Karlsruhe
- KCIM, Berlin

Beratungs- und Hochschulinstitute

- W. Eversheim, Aachen
- U. W. Geitner, Kassel
- IFAO, Karlsruhe
- G. Paul, St. Gallen
- A.-W. Scheer, Saarbrücken
- G. Spur, Berlin
- S. Vajna, Mannheim

Anbieter- und Anwenderfirmen

- DEC, München
- HP, Böblingen
- IBM, Stuttgart
- MTU, Friedrichshafen
- PHILIPS, Eindhoven
- PSI, NCAG, Berlin
- SIEMENS Daten- und Informationstechnik, München
- SIEMENS Fertigungstechnik, München

CIM-Strukturkonzept nach AWF (14)

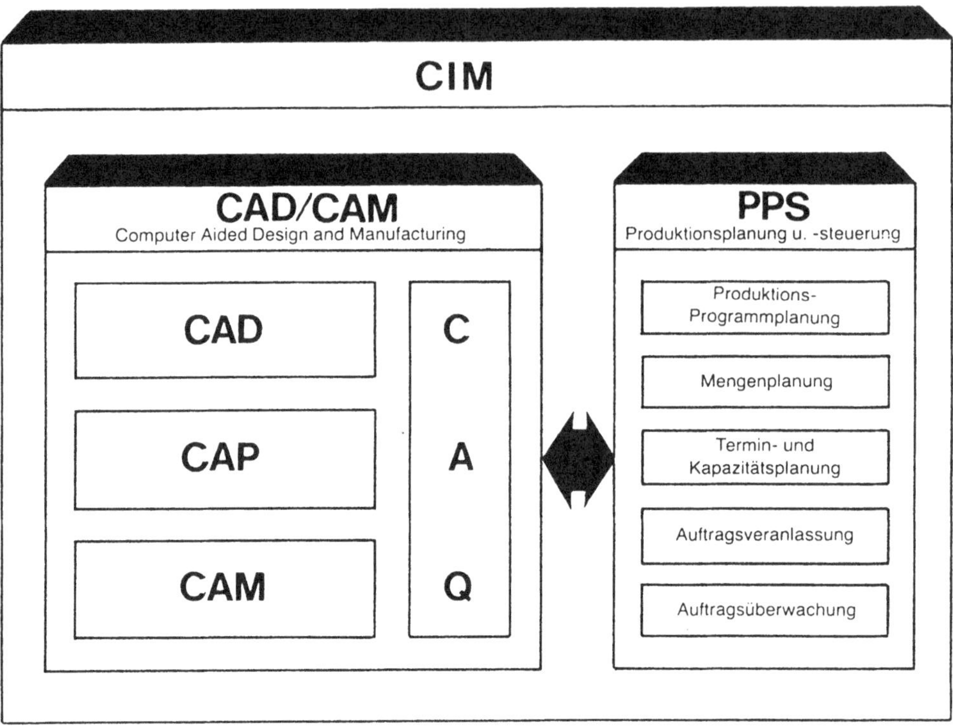

Dieses CIM-Modell entstand im Rahmen der Tätigkeit des CIM- Arbeitskreises bereits 1984/85. Es ist sehr stark funktionsorientiert aufgebaut und half, die Begriffsvielfalt der damaligen CIM-Diskussion zu begrenzen und die Sprachverwirrung zu entzerren.

CIM-Strukturkonzept des CAD/CAM-Labors, Karlsruhe (4)

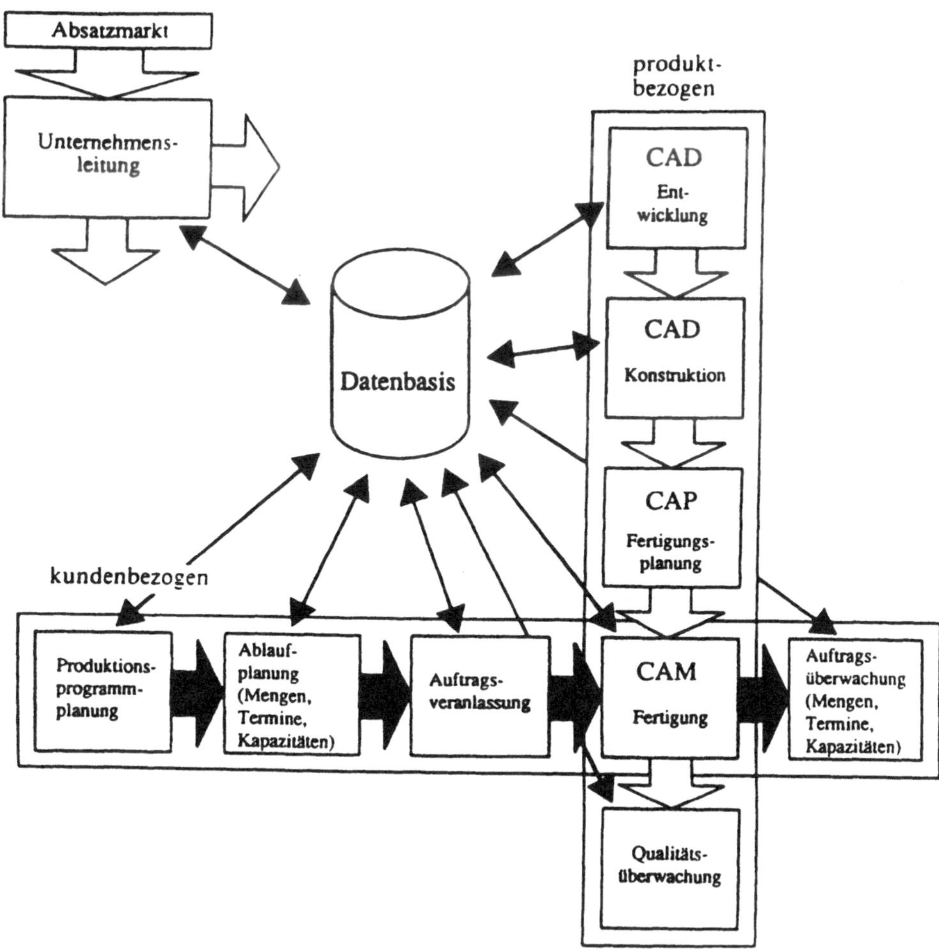

Die Fertigung bildet den Schnittpunkt des produktbezogenen Informationsflusses mit dem kundenbezogenen Informationsfluß. Die zentrale Datenbasis ist das Zentrum des Informationsflusses. Ihr wird die wichtigste Aufgabe bei der Integration zugewiesen.

CIM-Strukturkonzept nach KCIM (15)

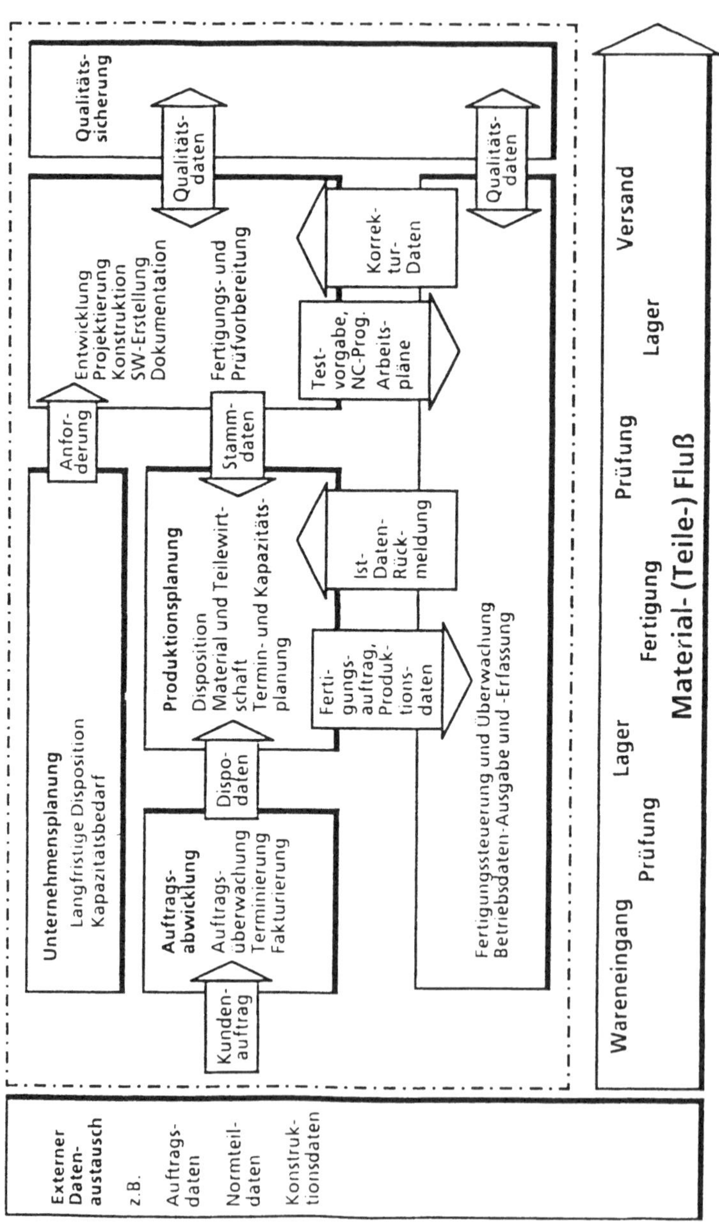

Dieses 1987 erarbeitete Schema wurde speziell datenflußorientiert angelegt. Damit wird das Zusammenspiel der verschiedenen Funktionen erläutert.

CIM-Strukturmodell nach Eversheim (4)

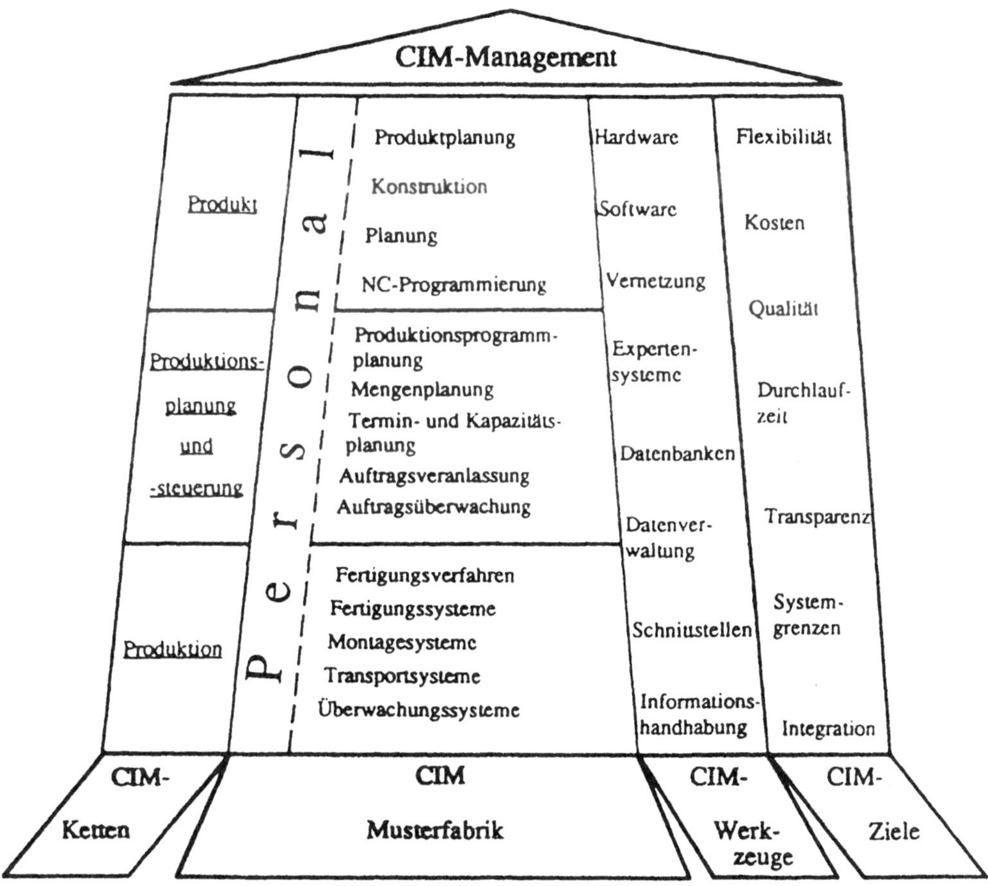

Die CIM-Struktur wird anhand von Prozeß- oder CIM-Ketten dargestellt. Das Schema beinhaltet Personal, CIM-Werkzeuge und CIM-Ziele. Als abstraktes Modell dient es primär der Motivation und Zielfindung für die CIM-Einführung.

CIM-Strukturkonzept nach Geitner (5)

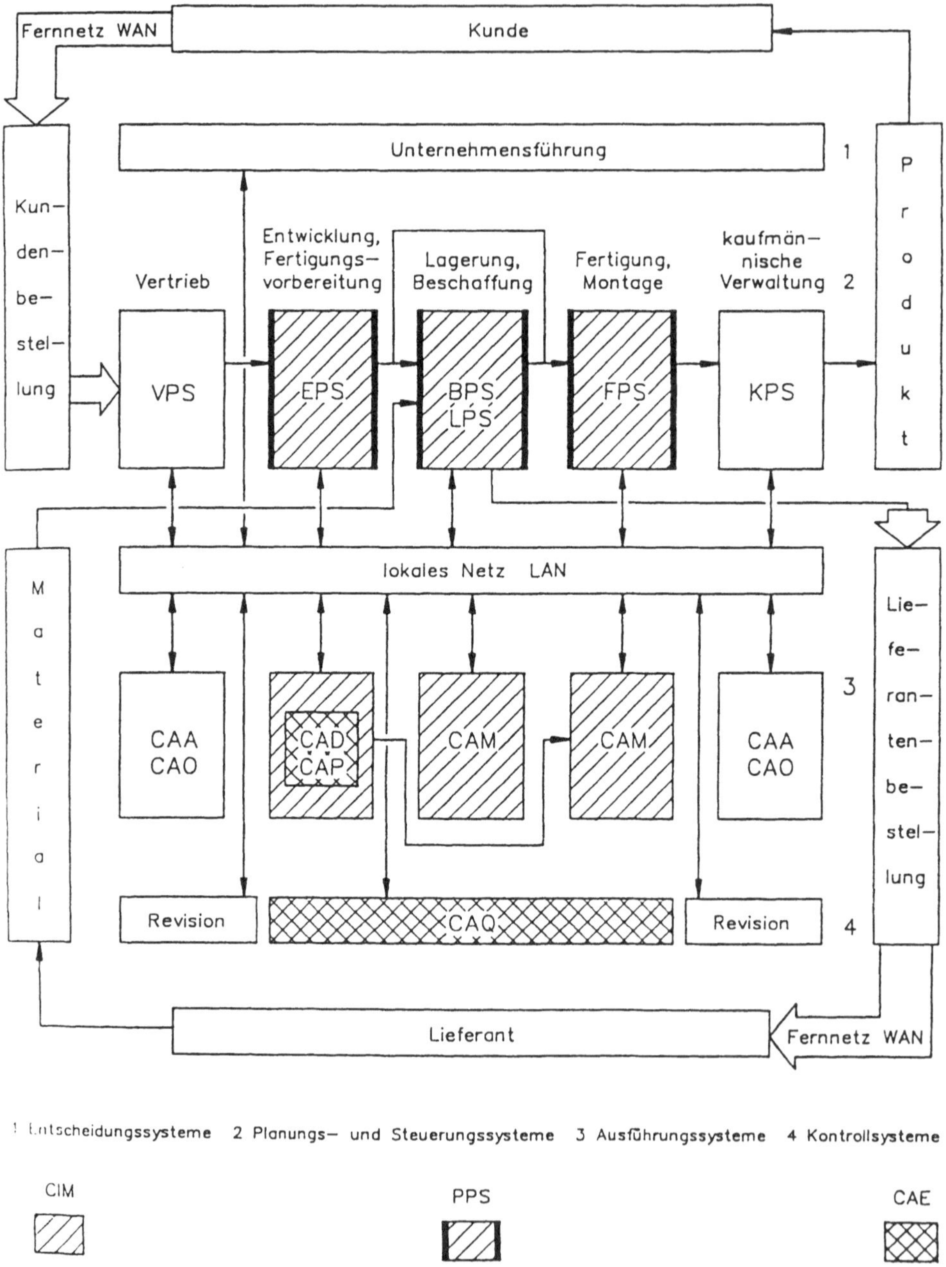

1 Entscheidungssysteme   2 Planungs- und Steuerungssysteme   3 Ausführungssysteme   4 Kontrollsysteme

CIM   PPS   CAE

In diesem Modell wird versucht, PPS als Zentrum der CIM- Konzeption abzubilden. Der Schwerpunkt liegt auf den Informationsflüssen von und zum PPS-System. Kaufmännische Funktionen sind z.T. mit dargestellt.

CIM-Strukturkonzept nach IFAO (16)

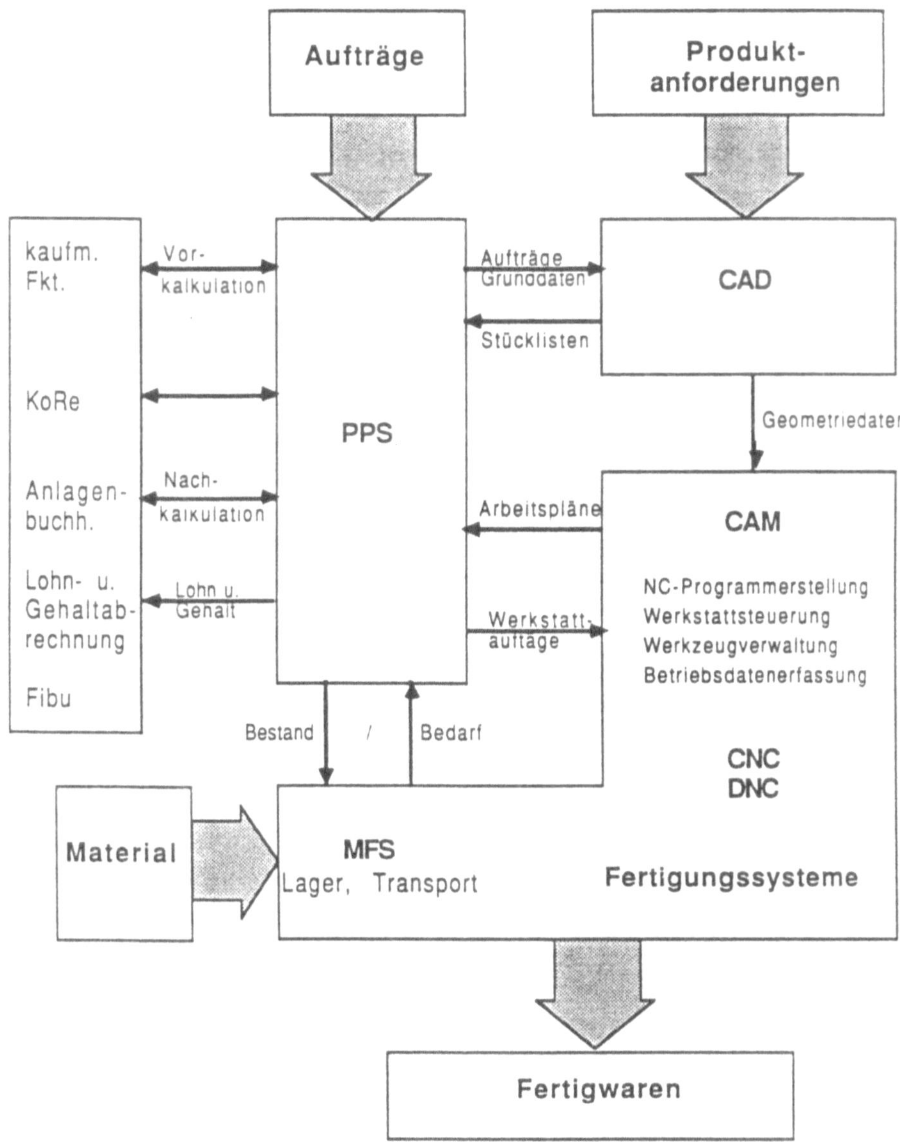

In diesem Modell wird versucht, PPS als Zentrum der CIM-Konzeption zu betonen. Der Schwerpunkt liegt auf den Informationsflüssen zu und vom PPS-System.

CIM-Strukturkonzept nach G. Paul (9)

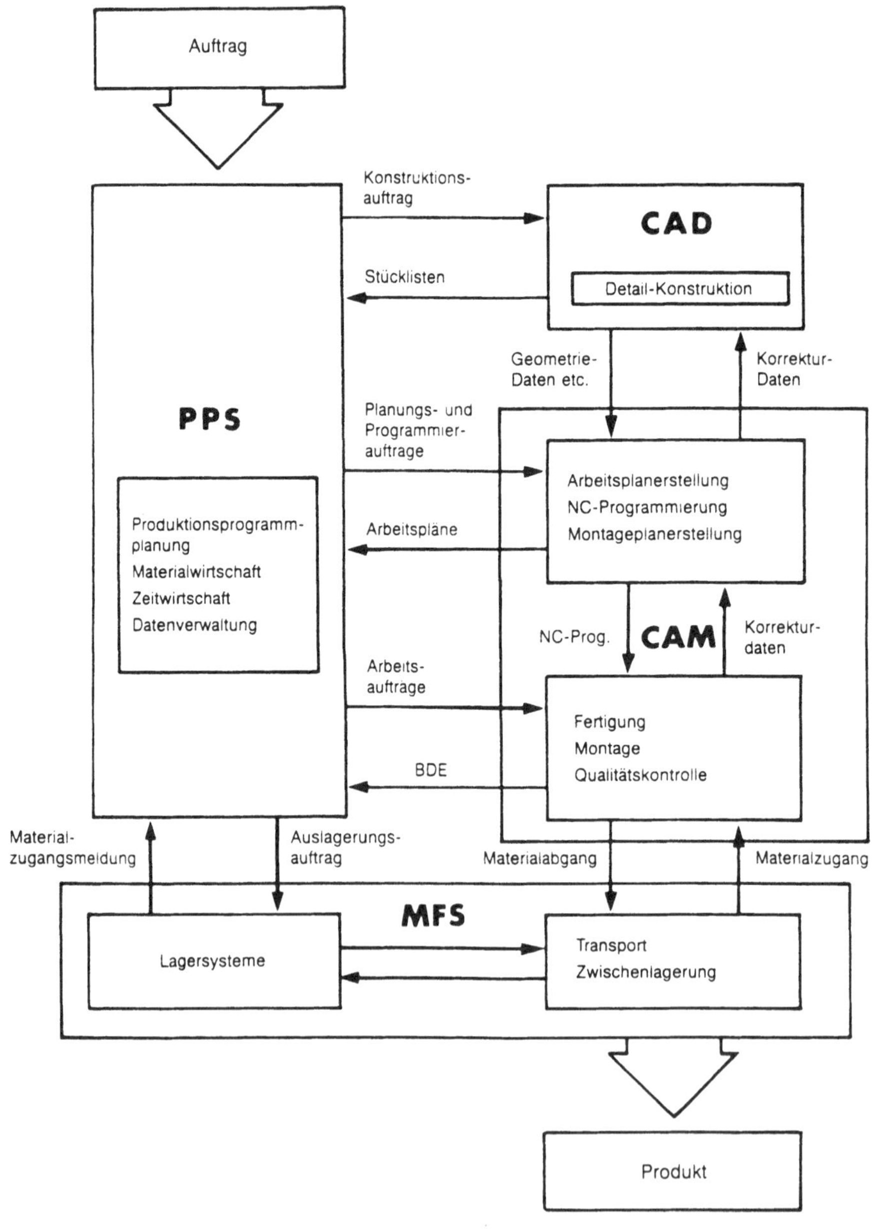

Dieses 1987 entstandene Konzept stellt speziell Funktionen und Informationsflüsse als Regelkreise dar. In vereinfachter, aber logisch schlüssiger Form wird der Informationsfluß vom Auftragseingang bis zur Fertigstellung des Produktes dargestellt.

CIM-Strukturkonzept nach Scheer (4)

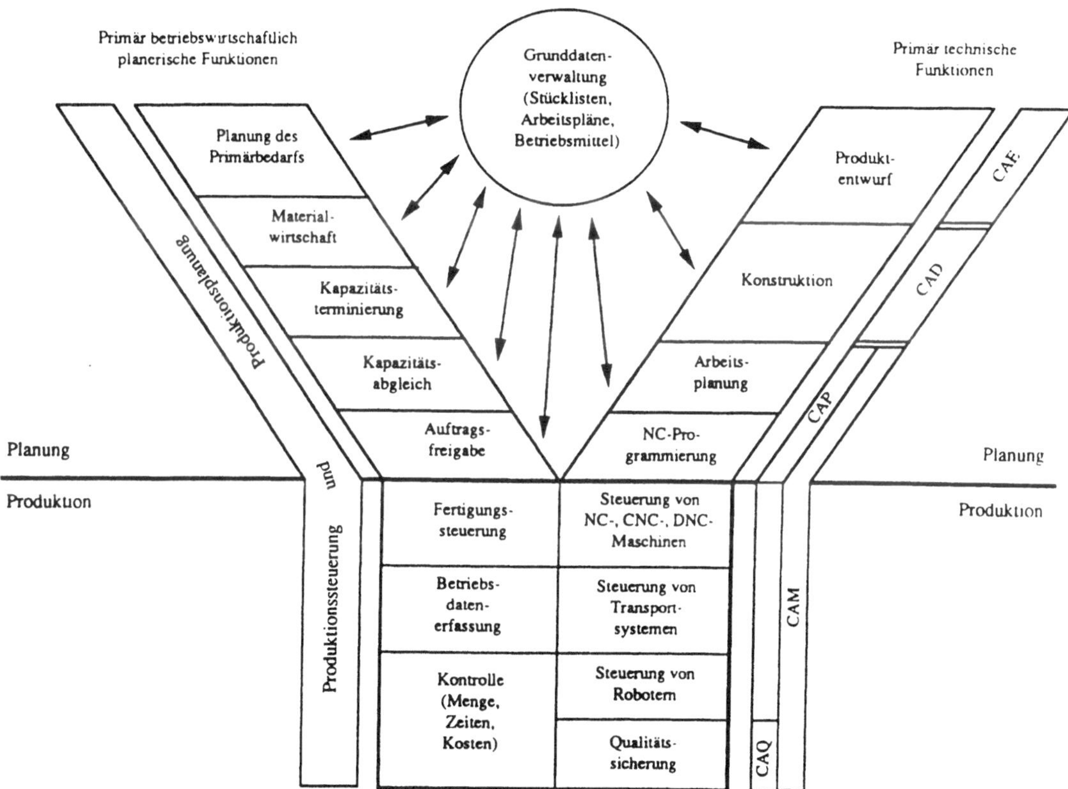

Das Y-Modell nach Scheer unterscheidet zunächst zwischen primär betriebswirtschaftlich, planerischen Funktionen sowie primär technischen Funktionen. Integrator für den Planungsbereich stellt die gemeinsame Grunddatenverwaltung von Stücklisten, Arbeitsplänen und Betriebsmitteln dar. Der Informationsfluß im Bereich der Produktion kann diesem Modell nicht weiter entnommen werden.

CIM-Strukturkonzept nach Spur (7)

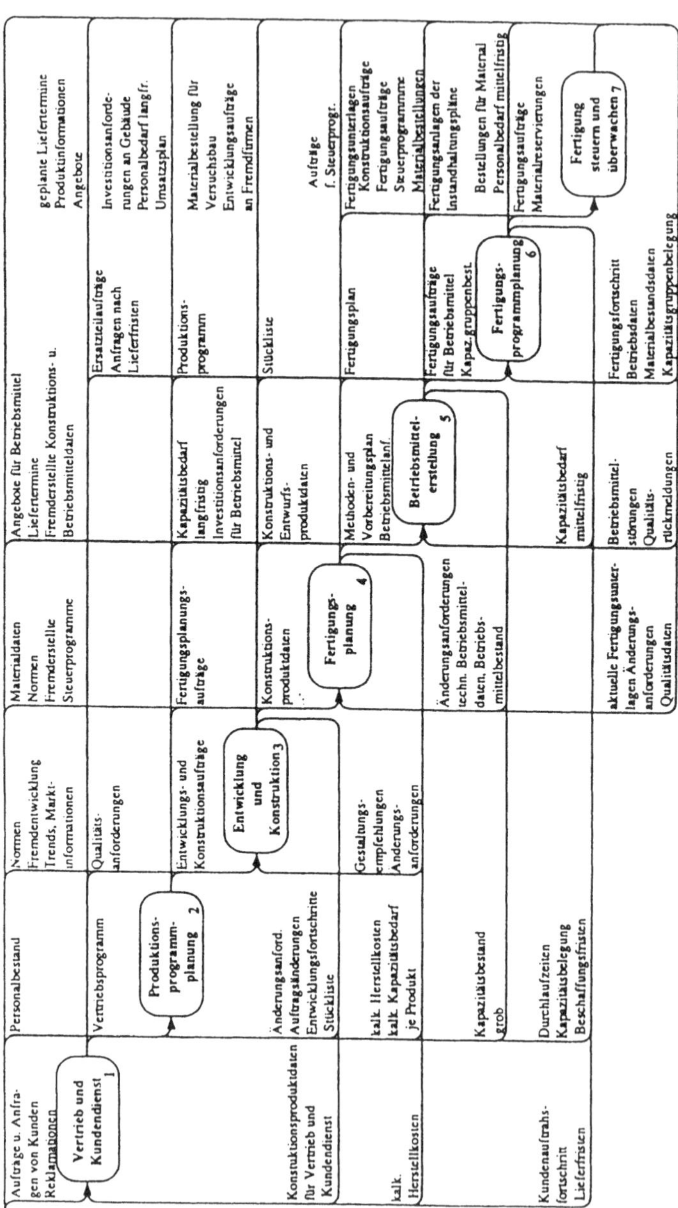

Dieses sehr komplexe Modell stellt Datenkreisläufe dar, die sich an sieben "klassischen" Unternehmenshauptfunktionen orientieren. Dieses Netzmodell kann funktional ergänzt oder modizfiziert werden, um so auf einen Unternehmenstyp besser angepaßt werden zu können.

CIM-Strukturkonzept nach Vajna (4)

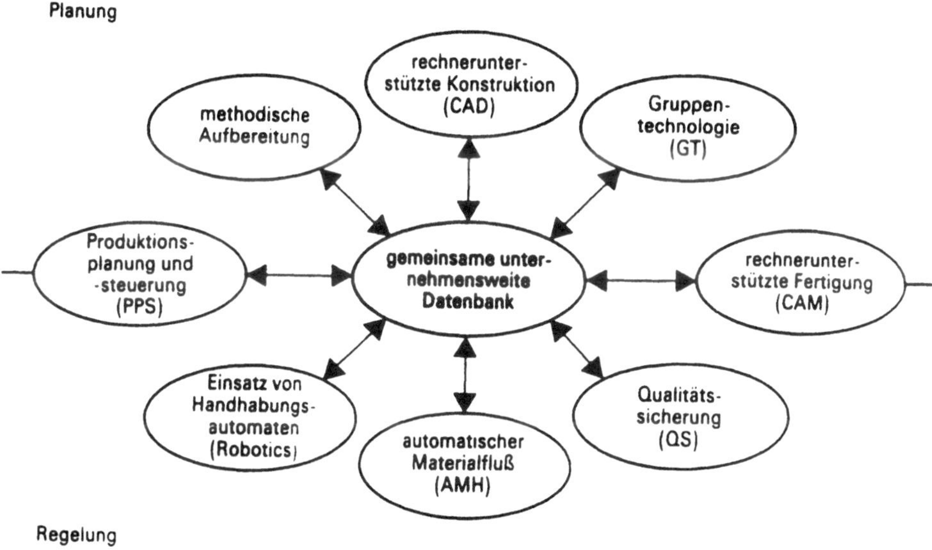

Die Datenbank steht im Mittelpunkt, betont wird der Ablauf der einzelnen Arbeitsschritte. Die Produktentstehung erscheint hier als Kreisprozeß.

CIM-Strukturkonzept nach DEC (5)

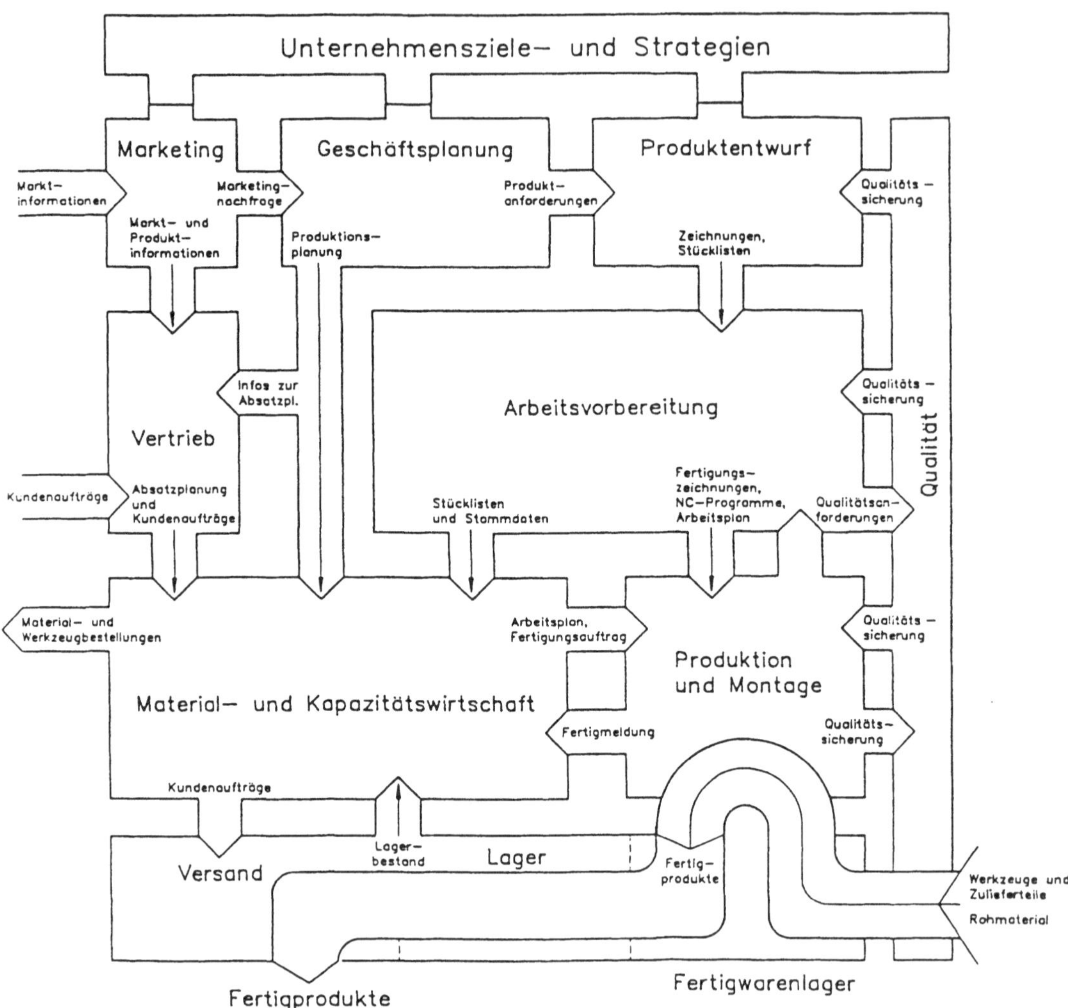

Das fluß- und funktionsorientierte Schaubild ist ergänzt um die Funktionen Marketing, Vertrieb und Unternehmensleitung.

CIM-Strukturkonzept nach HP (5)

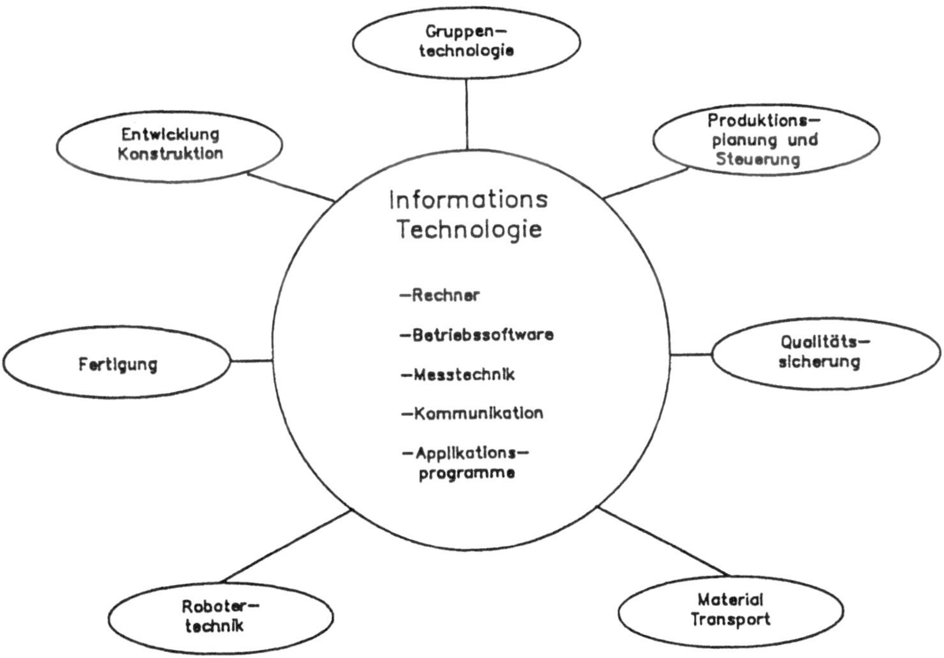

Hewlett Packard (HP) stellt die Informationstechnologie ins Zentrum, ihre Verknüpfung mit den betrieblichen Funktionen wird lediglich allgemein dargestellt. Diese Darstellung entspricht einem Blackbox-Denken - der Informationstechnologie bleibt die Aufgabe überlassen, die Verknüpfung jeweils herzustellen.

CIM-Strukturkonzept nach IBM (5)

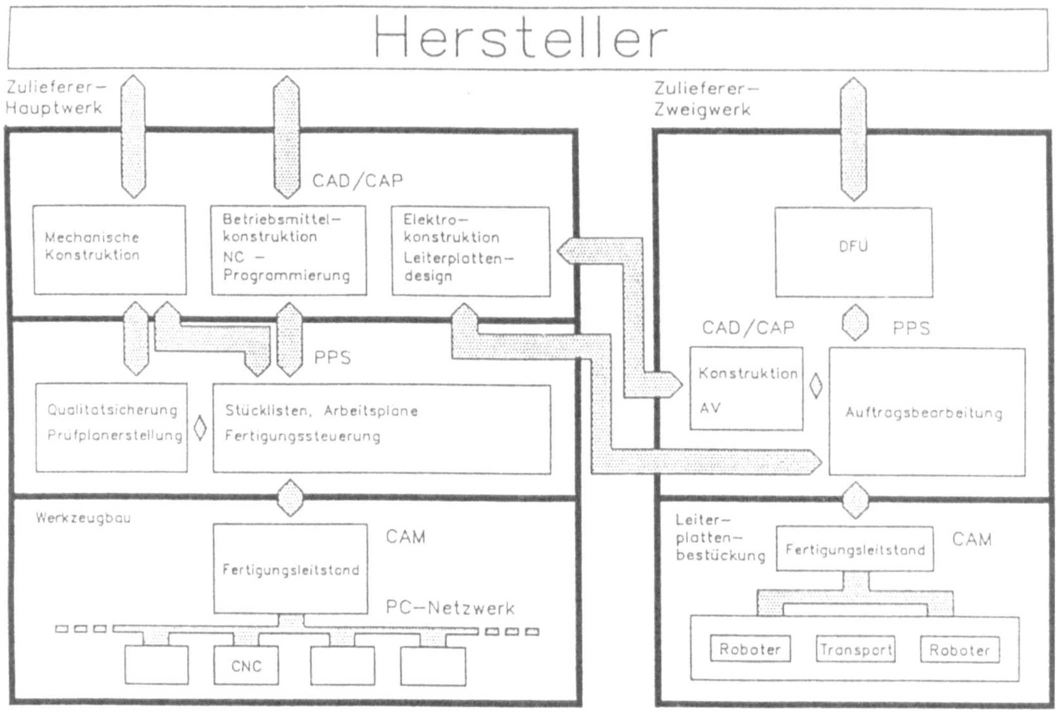

Die Konzeption legt ihr Schwergewicht auf die Darstellung der Verbindung zwischen verschiedenen Werken. Es orientiert sich dabei an Zuliefererstrukturen, wie sie in der Automobilindustrie typisch sind. Hauptaugenmerk wird auf die Verknüpfung der Planungsdaten zwischen Hersteller und Zulieferwerken gelegt.

CIM-Strukturkonzept nach MTU (4)

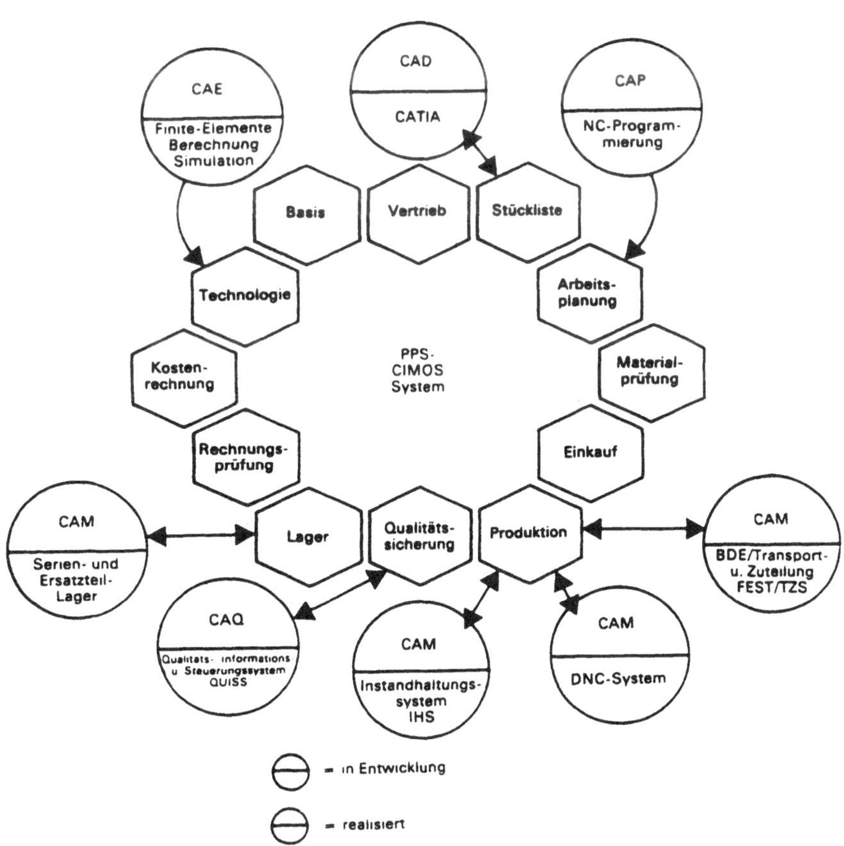

Die Maschinen- und Turbinenunion Friedrichshafen (MTU) stellt das PPS in den
Mittelpunkt von CIM. Die detaillierte Betrachtung von PPS schließt betriebswirtschaftliche Funktionen mit ein. Alle weiteren CIM-Funktionen werden zur Versorgung
des PPS- Systems benötigt.

CIM-Strukturkonzept nach PHILIPS

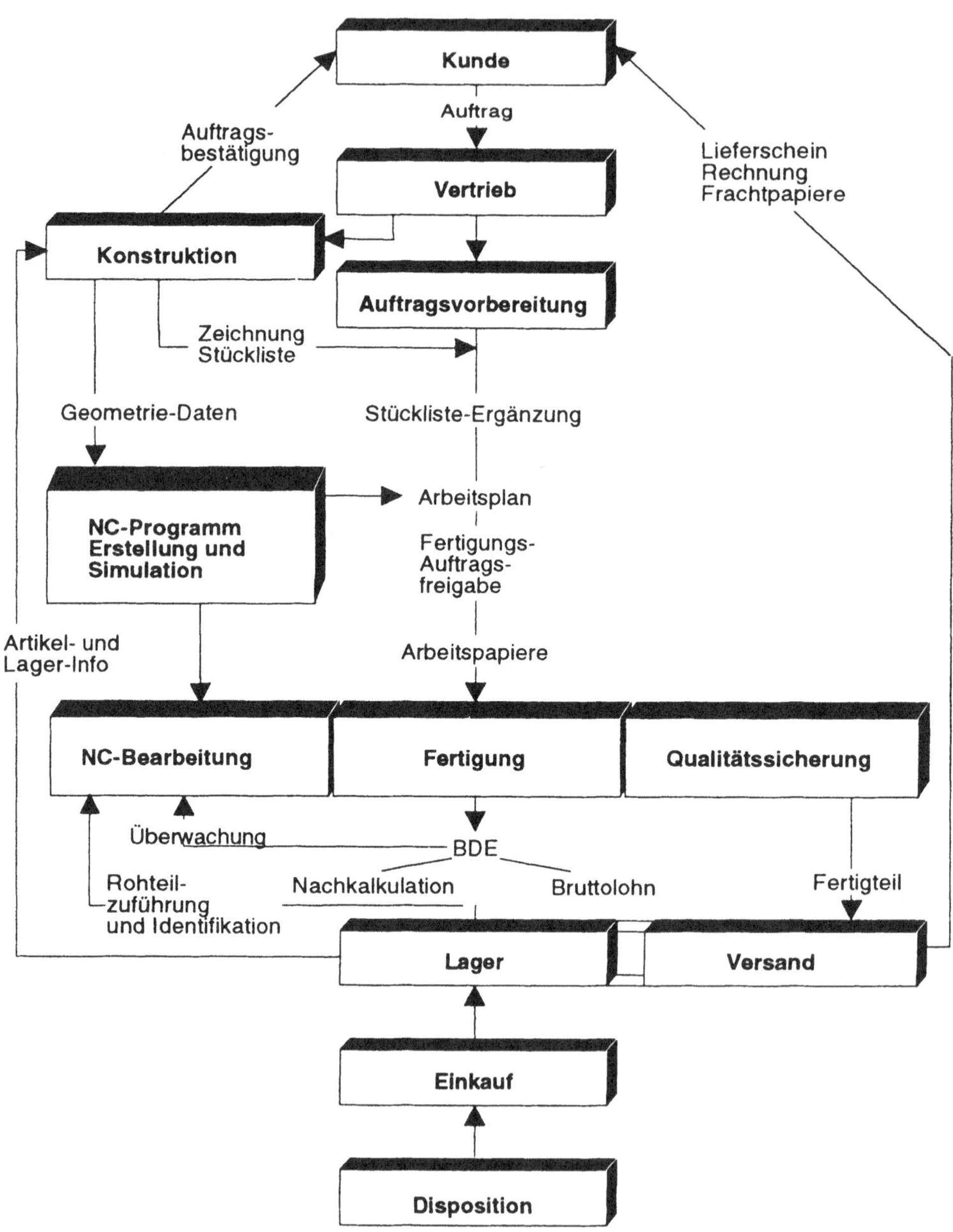

Philips stellt CIM als vermaschtes und rückgekoppeltes System dar. Betont wird eine gewisse Parallelität technischer, produktionsplanerischer sowie qualitätssichernder Tätigkeiten. Der Kunde ist in das Modell miteinbezogen.

CIM-Strukturkonzept nach PSI/NCAG (4)

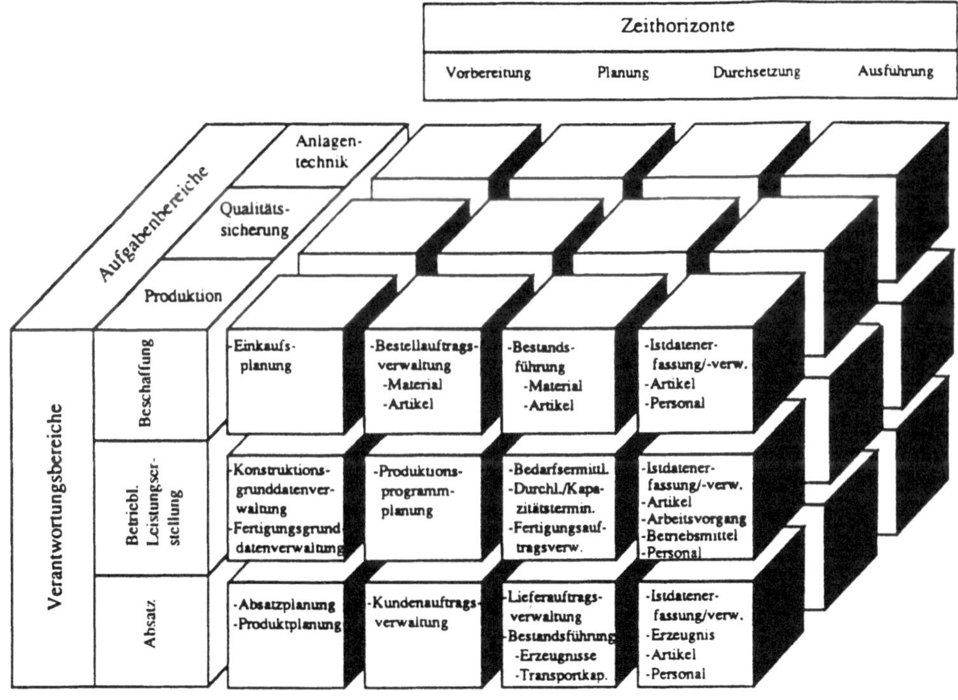

Die Darstellung von CIM als Würfel betont die Notwendigkeit mehrdimensionaler Ansätze. Es gelingt, betriebliche Funktionen durch die drei Achsen Verantwortungsbereich, Aufgabenbereich und Zeithorizont zu beschreiben.

CIM-Strukturkonzept nach SIEMENS Daten- und Informationstechnik (5)

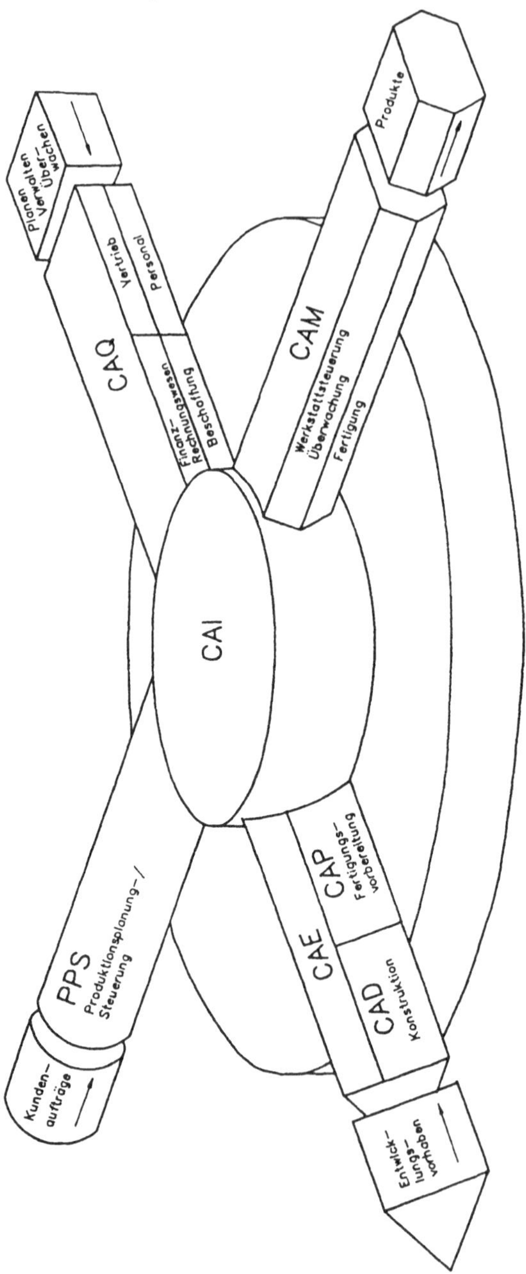

Diese Konzeption ist der Versuch, CIM durch den Begriff CAI- Computer Aided
Industrie zu ersetzen. Nach diesem Verständnis setzt sich CAI aus den vier Achsen
PPS, CAQ, CAM und CAE zusammen.

CIM-Strukturkonzept nach SIEMENS Fertigungstechnik (5)

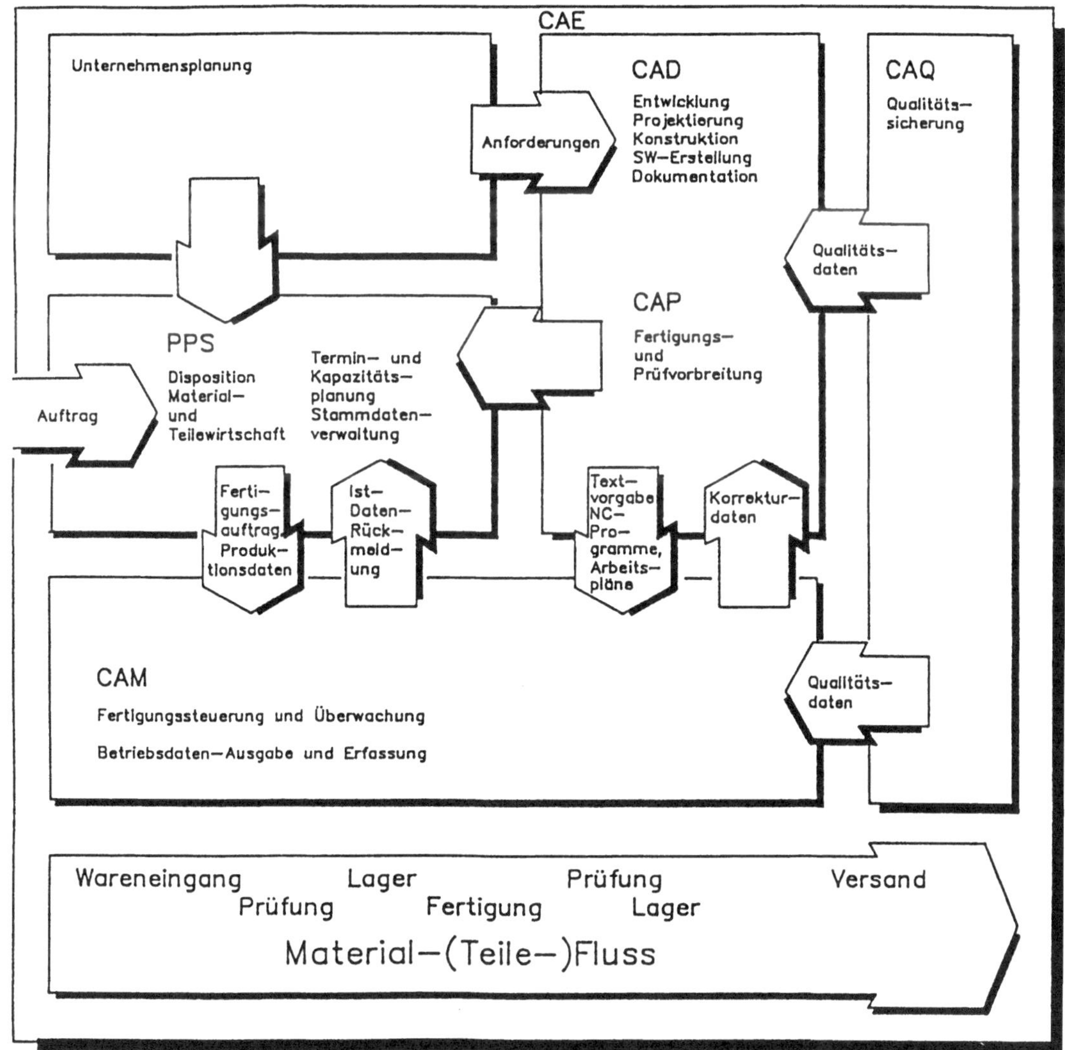

Dieses Schaubild ist ähnlich dem funktions- und datenflußorientierten Modell von DEC und KCIM aufgebaut. Auffällig sind "leere Pfeile" - man weiß wohl selbst nicht so recht, welche Informationen hier fliessen sollen.

Literaturverzeichnis

Im Rahmen von CIM-Projekten sind die in kursiv gesetzten Literaturangaben besonders für eine vertiefende Lektüre geeignet.

(1)   Menzl, Andreas:
      Bedeutung der Projekt- und Rahmenorganisation für die Einführung von CIM
      Vortrag gehalten beim VDI-Bildungswerk 1989

(2)   *Aggteleky, Béla:*
      Fabrikplanung, Band 2
      Carl Hanser Verlag 1982

(3)   Bullinger, Hans-Jörg (Hrsg.):
      Systematische Montageplanung,
      überarbeitet von Gunnar Paul
      Carl Hanser Verlag 1986

(4)   Vajna, Sandor:
      CIM-Modelle im Vergleich
      Technische Rundschau Nr. 23/1990

(5)   *Geitner, Uwe W.:*
      CIM-Handbuch,
      Fried. Vieweg & Sohn, Braunschweig/Wiesbaden 1987

(6)   Schweizerische Vereinigung für Datenverarbeitung (SVD) (Hrsg.):
      Evaluation von Informatiklösungen
      Paul Haupt Bern 1985

(7)   Spur, Günter et. al.:
      Jede Unternehmung braucht ihr CIM-Referenzmodell
      io Management Zeitschrift Nr. 6/1990

(8)   *Paul, Gunnar et. al.:*
      CAD-Ausbildung für die Konstruktionspraxis
      Teil 1: CAD-2D
      Carl Hanser Verlag München/Wien 1986

(9)   *Paul, Gunnar et. al.:*
      CAD-Ausbildung für die Konstruktionspraxis
      Teil 3: CAD/CAM
      Carl Hanser Verlag München/Wien 1988

(10) Lorenz, W.-D.:
      In Sachen PC-Integration steht uns noch einiges bevor.
      Computerworld Schweiz, Zürich, 30.7.90

(11) Slaine, Mason (Hrsg.):
      Faulkner's Dataworld Vol. 1/Vol. 2
      Faulkner Technical Reports, Inc., Pennsauken NJ, 1989

(12) Bullinger, H.J. et. al.:
      Werkzeuge zur Organisationsgestaltung
      Computerwoche Nr. 4, 26. Okt. 1990, München

(13) *Baumgartner, Horst et. al.:*
      CIM-Basisbetrachtungen
      SIEMENS Aktiengesellschaft Berlin, München 1989

(14) AWF Ausschuss für Wirtschaftliche Fertigung e.V.:
      Intergrierter EDV-Einsatz in der Produktion - CIM,
      Computer Integrated Manufacturing
      AWF-Empfehlung, AWF, Eschborn 1985

(15) *DIN Deutsches Institut für Normung e.V.:*
      Normung von Schnittstellen für die rechnerintegrierte Produktion (CIM)
      Beuth Verlag GmbH, Berlin, Köln 1987

(16) IFAO Industrie Consulting GmbH:
      CAD/PPS-Integration
      Carl Hanser Verlag, München 1990

(17) Krause, Frank-Lothar:
      Wohin geht die CAD-Entwicklung
      Werkstatt und Betrieb, Nr. 12/90 Carl Hanser Verlag, München

(18) *Dressel, Klaus-Michael et. al.:*
      Weiterbildung für den organisierten CIM-Einsatz in der Konstruktion
      Bericht aus dem Forschungsprojekt Mikroelektronik und berufliche Bildung
      (Phase II)
      Fraunhofer-Institut für Arbeitswirtschaft und Organisation (IAO), Stuttgart 1989

(19) *Fraunhofer-Institut für Arbeitswirtschaft und Organisation (IAO):*
      CIM-Integration und Qualifikation: Berufliche Bildung im Technologietransfer
      (Fachtagung am 13. und 14. April 1989 im Kongresszentrum Dortmund Hohen
      syburg)
      Verlag TÜV Rheinland, Köln 1989

Sachwortverzeichnis

A

B

C

CIM-Handbuch

Wirtschaftlichkeit durch Integration

von Uwe W. Geitner (Hrsg.)

2., vollständig überarbeitete und erweiterte Auflage 1991. X, 718 Seiten. 41 Beiträge mit 452 Abbildungen. Gebunden. ISBN 3-528-14522-6

Das *CIM-Handbuch* betrachtet die integrativen Methoden zur Fertigungsautomatisierung mittels EDV. Die Gliederung folgt dabei bewußt dem Auftragsfluß. Der Leser wird vom Auftragseingang bis zum Versand durch eine CIM-Organisation begleitet. Diese Konzeption erübrigt eine nüchterne alphabetische Gliederung und erlaubt es, den integrativen Material- und Informationsfluß, auf den es wesentlich ankommt, gedanklich nachzuvollziehen. Das Handbuch wurde von Experten des jeweiligen Gebietes ausgearbeitet, so daß ein kompetenter Überblick gegeben wird in Fragen der

- Produktionsplanung und -steuerung (PPS),
- Konstruktion und Entwicklung (CAD/CAE),
- Fertigungsvorbereitung (CAP),
- Fertigung (CAM) und
- Qualitätssicherung (CAQ).

Verlag Vieweg · Postfach 58 29 · D-6200 Wiesbaden 1